나의 무섭고

애처로운

환자들

나의 무섭고 애처로운 환자들

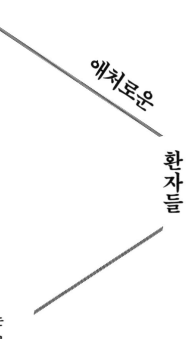

치료감호소 정신과 의사가 말하는
정신질환과 범죄 이야기

차승민 지음

아몬드

정신질환 범죄자 중 일부는 교도소 대신 치료감호소로 간다. 저자는 그곳에서 일하는 전문의다. 내 잔혹한 피고인은 저자의 애처로운 환자가 된다. 치료감호소의 근무 여건은 악명 높다. 정신질환자 일고여덟 명이 한 방을 쓰고, 풀타임 의사는 다섯 명 뿐이다. 급여는 평균의 절반 수준이다. 의사 일인당 환자는 160명으로 일본의 20배다. 감호소는 오래 전부터 포화상태다. 밀려드는 새 환자의 자리를 만드느라 기존 환자를 교도소나 사회로 빨리 돌려보낸다. 정부도 이런 사정을 잘 알지만 별 대책은 없다. 아니, 의료진의 희생이 유일한 대책이다. 환자도 의료진도 위태롭다. 그런데도 저자는 담담하다. 환자가 있는 한 의사는 치료할 뿐이란다. 사명감 따윈 입 밖에도 내지 않는다. 어깨에 힘을 빼야 더 깊고 오래 껴안을 수 있음을, 그는 아는 거다. 화낼 힘조차 아껴 그들을 돌보려는 거다. 고맙고 든든하나 마음이 아프다.

이 책은 클로젯 속 괴물이, 사실은 편견과 혐오에 내몰리다 유폐된, 그저 우리와 다른 세계를 보고 있는 같은 인간임을 알려준다. 저자는 그들의 세계는 가짜이므로 두려워 할 필요가 없지만, 그들의 고통은 진짜이므로 공감을 부탁한다. 나는 한 걸음 더 나아가 분노하자 부탁한다. 단절된 두 세계는 우리의 분노를 딛고 이어질 것이다.
박주영, 판사·《어떤 양형 이유》 저자

"나는 평범한 정신과 의사다." 여기서 '평범하다'는 한 인간의 질병을 호전시켜 인간이 인간답게 살도록 돕는다는 뜻인데, 국립법무병원에서 일하는 저자는 범죄자이자 정신질환자를 만나기 때문에 실제로는 꽤 특별하다. 책을 읽다가 자주 슬프고 무서워진다. 극악한 범죄자들에 화도 난다. 치매나 산후우울증과 관련한 사건들, 조울증과 우울증 환자가 저지른 사건들에는 시선이 오래 머문다. 이 책은 범죄자를 무조건 이해하고 받아들이라는 뜻에서 쓰이지 않았다. 이 책의 진정한 힘은, 범죄에 대한 처벌과 그 사람이 앓는 질병에 대한 치료가 동시에 이루어져야 한다는 사실을 전달하는 차분한 설득에 있다. **이다혜, 작가**

내 환자는 범죄자이자 정신질환자입니다

지난 4년간 국립법무병원에서 일하면서 여전히 적응되지 않는 것이 있다. 바로 사람이 저지르는 악한 행동이다. 이곳에 오는 환자가 저지른 범죄는 그동안 흔히 보던 문체가 아닌, 감정이 배제된 법적인 용어들로 기록되어 있어 더 서늘하고 섬뜩하다. 그리고 그 활자 뒤에 피해자가 있다는 사실에 마음이 한없이 무거워진다.

정신과 의사들에게 2018년 12월 31일은 잊을 수 없는 날이다. 그날, 대낮에 서울 시내 한복판의 대학병원 정신건강의학과 외래에서 진료를 보던 교수가 환자의 흉기에 찔려 사망했다. 항상 언젠가는, 누군가는, 이런 일을 당하지 않을까 생각했던 막연한 공포가 현실이 되어버렸다. 이런 일이 일어나다니. 아직도 그 날 기억을 떠올리면, 그리고 돌아가신 임세원 교수님만 생각하면 가슴이 먹먹하다.

그저 직업이 같다는 이유로 이런 기분을 느끼는데 유족의 마음은 오죽할까. 세상이 원망스럽고 가해자에게 그리고 정신질환자들에게 분노를 퍼붓고 싶을 텐데, 그들은 그러지 않았다. 유족은 크나큰 슬픔을 삭히며, 다시는 이러한 비극이 일어나지 않게 해달라고 외쳤다. 마음의 고통을 겪는 사람들이 사회적 편견이나 차별 없이 치료를 받게 해달라고 부탁했다. 이 사건이 정신질환자를 향한 낙인과 혐오로 이어질 것을 경계하고, 끝까지 동료와 환자를 생각하던 고인의 마음을 헛되지 않게 해달라고 당부했다.

내 환자들은 누구나 무서워하는 사람들이다. 범죄자이자 정신질환자다. 내가 범법 정신질환자를 치료하는 이 병원으로 이직한다고 했을 때 주변의 첫 반응은 "무섭지 않겠냐"는 것이었다. 고 임세원 교수님 사건이 일어난 뒤에는 어쩌면 너무 겁 없이 이곳에 온 것인지 모른다는 생각도 했다. 하지만 임 교수님의 유족이 건넨 이야기를 접하고 내가 어떤 마음으로 환자를 대

나의 무섭고 애처로운 환자들

해야 하는지 깨닫게 되었다. 적어도 나만은 이들을 '애처롭게' 생각해주고 싶었다. 세상 모든 사람이 죄인이라고, 미친 사람이라고 손가락질해도 말이다.

이 책은 범죄를 저지른 사람들에 관한 이야기다. 처음 책을 쓰기 시작할 때 여러 가지 면에서 고민이 많았다. 범죄자를 너무 감싸는 것처럼 보이지는 않을까. 피해자에게 또 다른 상처가 되지는 않을까. 혹시 환자에게도 해가 되지는 않을까.

범죄자에게 서사를 부여하지 말라는 이야기가 있다. 주로 성범죄자에게 마이크를 쥐어주지 말라는 의미로, 최근에 N번방 사건 가해자에 관해 언론이 도 넘는 내러티브 보도를 하자 이 말이 많이 쓰였다. 누가 봐도 파렴치한 범죄자에게 부여하는 지나친 서사에 나도 반대한다. 그러나 누구에게나 마이크가 허락되는 것은 아님을 말하고 싶다. 어떤 사람은 그저 정신질환자라는 이유로 잠재적 범죄자 취급을 받는다. 그리고 어떤 사람은 자신이 벌인 일의 의미가 무엇인지도 모르는데, 사전에 계획하고 특정한 의도를 가진 채 범죄를 저지른 '악인'과 도매금으로 '나쁜 놈'으로 몰린다. 나는 우리 병원에 입원한 환자들을 모두 대변할 마음도, 능력도 없다. 또 이들을 그저 불쌍하게만 보아달라는 것도 아니다. 이 병원에 오기까지 그들이 겪었던 정신질환 증상이 무엇이었는지, 치료받지 못한 정신질환의 끝에 어떤 일이 벌어질 수 있는지를 있는 그대로 들려주고 싶었다.

이 책에는 내가 직접 만났거나 들었던 사람들의 이야기가 실려 있다. 환자와 피해자를 보호하기 위해 대부분의 환자 이름을 익명으로 하고, 내용을 각색해 대상을 특정하지 못하도록 했다. 널리 알려진 사건을 다룰 때만 실명을 적었다. 혹시 이 책을 읽고 누군가 정신질환자를 잠재적 범죄자의 목록에서 지우거나, 덮어놓고 미친 사람으로 매도하거나 비난하지 않을 수 있다면 더 바랄 것이 없겠다. 그리고 주변 사람에게 관리받지 못한 정신질환이 위험할 뿐, 모든 정신질환자가 위험한 것은 아니라고 한마디 거들 수 있다면 좋겠다.

이 책에는 내가 자주 들었던 질문들, 이를테면 "환자가 무섭지 않느냐", "정신질환자가 아닌 사람이 감형받으려고 속이려 들면 어떻게 알아보느냐" 같은 질문들에 대한 답도 담겨 있다. 또 '나라가 왜 범죄자를 치료해야 하는가', '화학적 거세는 인권 침해가 아닌가', '사이코패스나 자발적 음주도 심신미약으로 인정해줘야 하느냐' 같은 논쟁적 테마에 관해서도 전문가 입장에서 정확한 정보와 솔직한 의견을 담기 위해 노력했다.

　나는 평범한 정신과 의사다. 엄청난 사명감이 있는 것도 아니고 남들보다 더 선한 사람도 아니다. 하지만 아이러니하게도 이렇기 때문에 4년이 넘는 시간 동안 이곳에서 '버틴' 것이라 생각한다. 이들을 구원해야겠다는 거창한 마음이라기보다는, 그냥 정신과 치료를 제대로 받아야 할 환자로 대하기 때문이다.

　정신의학에서는 아이가 태어나서 적어도 3년은 양육자의 사랑과 관심을 받고 커야 한다고 설명한다. 제때에 사랑받지 못하면 살면서 어떤 식으로든 문제가 나타나게 되기 때문이다. 이곳 환자들에게는 바로 지금이 사랑과 관심을 받아야 할 때다. 입원하고 있는 지금 이때 충분한 치료와 관심을 받는 것이 앞으로 살아가는 데 반드시 필요하다. 그냥 범죄자라고 사회에서 제대로 된 조치 없이 방치되고 비난받는다면 이들은 분명히 또 다른 사건 사고의 주인공이 될 것이다.

　끝이 보이지 않던 글쓰기가 마무리되고 있다. 이렇게 긴 호흡의 글을 쓸 수 있도록 격려해준 모든 분께 감사드린다. 세상에서 늘 '무서운' 사람으로만 여겨지는 집단, 국립법무병원의 환자들과 함께하기 위해 오늘도 나는 병원으로 출근한다.

차례

1

생활형 정신과 의사, 국립법무병원에 가다

환자 수 1000명, 의사 수 5명

나는 국립법무병원의 정신과 의사다. 국립법무병원은 치료감호소의 또 다른 이름이다. 내 환자들은 정신질환자이자 범죄자다. 누구보다 평범하고 소심한 내가 무슨 큰 뜻을 품고 이 특별한 곳에서 일하게 된 건 아니다. 나는 먹고살기 위해 일하는 생활형 정신과 의사다. 전문의 자격을 취득하고 대학병원과 정신과 전문병원에서 일하면서 결혼하고 아이를 낳았다. 그저 정신과 의사로서만 살 수 없는, 일하는 엄마가 된 내게는 돈보다는 시간이 우선이었다. 정시에 퇴근할 수 있는지, 주말에 당직 근무가 없는지는 어떤 조건보다 중요했다.

처음 이곳에 출근한 날, 나는 '공무원'으로 연차도 팍팍 쓰

: 생활형 정신과 의사, 국립법무병원에 가다

고 워라밸을 지키며 여유롭게 살 수 있을 줄 알았다. 하지만 막상 들어와 보니 상상 이상의 현실이 기다리고 있었다.

국립법무병원의 현재 총 환자 수는 1천 명 정도다. 숫자로만 보면 어느 정도인지 짐작이 잘 안 되겠지만, 서울에 있는 대학병원인 서울성모병원이 약 1300병상이므로 국립법무병원도 굉장히 큰 병원임을 알 수 있다. 게다가 서울성모병원은 거의 모든 진료 과가 있는 종합병원이지만, 국립법무병원은 정신건강의학과 하나만 있는 단과 병원이다. 다시 말해 1천 명 가까운 환자가 모두 정신질환자라는 이야기인데, 정신건강의학과 단과 병원으로는 전국 최대 규모다. 그런데 풀타임으로 근무하는 정신과 전문의는 원장님, 의료부장님을 포함해 나까지 다섯 명뿐이다. 그 밖에 다른 병원에 근무하거나 개원한 정신과 의사들이 파트타임으로 일주일에 이삼 일 정도 근무하고 있다. 오늘 내 모니터에 뜬 담당 환자 수는 163명으로, 작년부터 거의 2년째 환자 수가 이 수준이다. 정신건강복지법에서 규정하는 정신과 병원의 의사 일인당 적정 환자 수는 60명인데, 내가 보고 있는 환자 수와 비교하면 삼분의 일 수준이다.

법에서 의사 일인당 환자 수를 정해둔 이유는, 그것이 의료

나의 무섭고 애처로운 환자들

의 질과 직접적으로 연결되기 때문이다. 담당 환자가 많으면 의료의 질이 떨어지는 것은 당연한 이치다. 솔직히 담당 환자가 너무 많으면 환자의 세세한 문제까지 머리에 넣기가 버겁다. 국립법무병원은 병동 수만 해도 13개인데, 그중에서 나는 3개 병동을 담당하고 있다.

이곳에는 왜 이렇게 정신과 전문의 수가 적은 걸까? 그 이유는 명확하다. 급여는 적고 주치의로서 담당해야 하는 환자가 범죄자이기 때문이다. 일이 힘들고 부담스럽다면 그에 맞게 돈을 많이 준다면 좋겠지만 오히려 평균 급여의 절반 수준이니 선뜻 일하겠다고 나서는 의사가 드물다. 대학병원 교수 급여도 개원 의사에 비해 많은 편은 아니지만 병원의 명성, 잘 갖춰진 연구 여건 등을 이유로 대학병원은 항상 일하려는 의사가 넘친다. 의사 수가 적은 이유가 단순히 급여 때문만은 아닌 것이다.

나는 이 병원에서 4년째 근무하고 있다. 처음에는 '왜 다들 기피하는 병원에서 모두가 무서워하는 환자를 보고 있어야 하지'라는 생각이 스멀스멀 올라오기도 했다. 시간이 좀 지나니 의사 수에 비해 환자 수가 터무니없이 많은, 이 말도 안 되는 진료 환경에 자주 화가 났다. 그래도 꾸역꾸역 이곳에서 버티고

있는 것을 보면, 나도 모르게 약간 오기 섞인 사명감이나 책임
감이 생겼나보다. 아마 내가 애초에 사명감이 넘치는 사람이었
다면 오히려 더 지쳐서 나가떨어졌을지도 모르겠다. 그래도 민
간병원에서 일할 때는 느끼지 못했던 감정이 생기긴 했다. 공익
을 위해서 일한다는 일말의 자부심이랄까. 그동안은 공익이라
는 것은 나같이 평범한 사람과는 거리가 먼 영역이라고 여겼다.
그냥 내 할 일만 열심히 하고 남에게 폐만 끼치지 말자는 신조
로 살았는데, 이곳에서 처음으로 내가 밥벌이만을 위해 일하는
것은 아니라는 생각이 든다.

간호사들이 좋아하는 의사

　　국립법무병원에 오기 전에 근무하던 병원에서 나는 간호사들이 좋아하는 의사였다. 이건 단순히 좋기만 한 이야기는 아닌데, '좋아한다'는 말 속에는 환자를 좀 엄격하게 대하는 주치의라서 일하기 편하다는 뜻이 담겨 있기 때문이다.

　　내가 환자에게 엄격한 태도를 보이는 이유에는 여러 가지가 있다. 우선 간호사는 병동에 상주하는 반면 의사는 그렇지 않다. 외래도 봐야 하고 여러 병동 환자를 담당하기 때문에 병동 한곳에서 회진을 돌고 나면 나머지는 전화로 보고받는다. 따라서 간호사들이 제공하는 환자 정보가 의사에게 상당히 중요하다. 그래서 가끔씩 환자와 간호사가 서로 다른 이야기를 해도 우선

　　　　　　　　: 생활형 정신과 의사, 국립법무병원에 가다

은 간호사의 정보를 신뢰하기 때문에 환자 편을 들기보다는 "조금 지켜보자, 병동 규칙에 따라야 한다"라고 말하고는 한다. 그래야 병동 규칙이 흔들리지 않고 큰 사고 없이 안전을 지킬 수 있다. 환자는 아무래도 나의 이런 태도를 엄격하다고 느끼는 것 같다. 그래도 정신과 의사라 하면 따뜻하고 부드럽고 자애롭고 뭐 이런 이미지를 지녀야 할 것 같은데, 나는 너무 환자에게 엄격하기만 한가 싶을 때가 있었다.

하지만 국립법무병원에서는 나의 이런 면을 강점으로 활용하고 있다. 증상 때문이긴 하지만 범법자인 이곳의 환자들은 자신이 왜 그 행위를 저질렀으며 자신의 증상과 어떻게 연결되는지 아는 것이 중요하다. 이곳에 수용된 환자들은 너무도 분명한 범죄 가해자다. 그들로 인해 고통받은 피해자들은 대개 평생 잊지 못할 트라우마를 안고 살아간다. 그런 피해자를 위해서는 죗값을 치르는 일이 매우 중요하며 반드시 필요하다. 그렇다면 그 '죗값'을 치르는 근본적인 방법은 무엇일까? 의지나 계획에 의해서가 아닌 정신질환의 증상으로 인해 범죄를 저지른 사람을, 자신이 한 일의 의미가 무엇인지 명확히 알지 못하는 사람을 교도소에 가둔다고 문제가 해결될까? 그보다는 치료가 우선이다.

나의 무섭고 애처로운 환자들

자신이 무슨 병을 앓고 있는지, 그리고 그 병으로 인해 무슨 짓을 저질렀는지를 명확히 인식하고 난 다음에야 참회와 반성, 처벌이 가능하다. 따라서 '당신이 치료를 받지 않아서 저지른 일로 누군가가 피해를 보고 아픔을 겪었으며 당신과 가족에게도 바람직하지 않은 결과를 초래했다'는 점을 우선 엄격하게 짚어줘야 하는데, 그때 내 태도는 나름 도움이 된다. 이곳에는 조현병 환자가 상당히 많은데, 스스로 병이 없다고 강력히 부인하다가도 범죄 상황을 자세하게 짚어주면 마지못해 인정하는 모습을 보이기도 한다. 이때 주치의가 무한정 자애로운 자세를 지니기보다는 단호하게 이야기하는 편이 낫다. 환자에게 돌려 말하는 것보다 상황을 직면시키는 것이 환자 자신의 문제를 정확하게 아는 데 도움이 되기 때문이다. 물론 그 후 스스로 반성하고 치료에 의지를 보이면 반드시 지지하고 격려해준다.

사람들에게 국립법무병원에서 일한다고 얘기하면 "환자가 무섭지 않느냐"는 질문을 가장 먼저 한다. 무섭지 않았다고 하면 거짓말이다.

이곳에 와서 처음 환자들의 전자 의무 기록을 봤을 때 병명 옆에 '징역 몇 년'이라는 병과형과 죄명이 같이 적혀 있어서 흠

: 생활형 정신과 의사, 국립법무병원에 가다

칫 놀랐다. 예를 들어 마트에서 갑자기 직원에게 나쁜 년이라고 욕하고 난동을 부리다가 신고를 받고 출동한 경찰에게 주먹질해 공무집행방해로 징역 1개월을 받은 환자의 경우 상병에는 '조현병', 죄명에는 '공무집행방해', 병과형 형기에는 '징역 1개월'로 기록되어 있다. 대한민국에 이런 의무 기록을 볼 수 있는 곳은 국립법무병원뿐이다. 몇 글자 밖에 되지 않은 그 죄명 뒤에 많은 것이 숨어 있다. 죄명이 중범죄일수록 얼마나 이 환자가 당시 증상이 안 좋았을지, 얼마나 긴 시간 동안 약을 먹지 않고 치료를 받지 못했을지, 피해자는 또 얼마나 고통을 받았을지를 생각한다.

나의 무섭고 애처로운 환자들

2

교도소가 아니라 병원입니다

나라가 왜 범죄자를 치료해야 하는가

　국립법무병원은 정신질환 범법자의 전문 치료, 재활을 위해 법무부에서 운영하는 정신과 병원으로, 치료감호법에 따라 치료감호형을 받은 사람을 수용·감호하며 동시에 치료하는 기관이다. 또 법원이나 검찰, 경찰 등에서 의뢰한 정신감정도 진행한다. 우리나라에서 치료감호형을 수행하는 기관은 이곳뿐이다. 그렇기 때문에 정신질환 증상으로 범죄를 저지른 것이 인정되어 치료감호형을 선고받은 사람은 교도소 대신 이곳에 온다.

　영화 〈배트맨〉의 무대가 되는 가상 도시 고담시에는 아캄 정신병원이 있다. 극중의 모든 악당, 즉 '미친' 범죄자들이 이곳에 갇히는데, 그들조차 이곳을 끔찍해하며 허구한 날 탈출하려

한다. 우리나라로 따지자면 이곳이 국립법무병원인데, 세계 어디서나 범죄자와 정신질환자의 이미지가 결합되는 순간 몹시 '공포'스럽다고 여기는 모양이다.

우리 병원은 대개 세상을 떠들썩하게 한 강력 범죄 사건이 뉴스에 보도될 때 단골처럼 등장한다. 2016년 강남역 살인사건의 피의자도 이곳에서 정신감정을 받고 조현병으로 진단받았으며, 재판에서 치료감호형과 징역 30년형을 선고받고 지금도 국립법무병원에 입원해 있다. 2018년 PC방 살인사건의 피의자와 2019년 진주 방화사건의 피의자도 이곳에서 정신감정을 받았다. 이렇게 대형 강력 사건이 발생할 때마다 미디어에 등장하다 보니, 사람들은 대체로 치료감호소, 국립법무병원을 '부정적인 곳'으로 인식한다.

우리나라에서는 국가인권위원회가 규정에 따라 교도소나 정신병원 등이 인권을 잘 지키며 운영되는지 3년에 한 번씩 방문하여 관리한다. 조사관들이 2019년 초에 병원을 방문했을 때, 동행하던 내게 어떤 일을 하느냐고 물었다. 보통의 정신과 병원처럼 주치의가 주기적으로 회진을 돌고, 면담을 하고, 간호사와 보호사가 간호사실에 상주한다고 설명했더니 병원처럼 운영

나의 무섭고 애처로운 환자들

되는 곳인지 전혀 몰랐다면서 화들짝 놀라는 것 아닌가. 인권을 우선으로 생각하는 인권위원회 조사관들조차 국립법무병원을 교도소와 같은 곳으로 생각하고 있었던 것이다. 나는 그들이 이렇게나 놀란다는 사실이 더욱 놀라웠고, 그만큼 대다수의 사람이 이곳에 대해 편견과 오해가 있음을 확인했다.

범죄자에게 정신질환이 있으면 무조건 심신미약으로 인정받는다는 오해도 흔하다. 그러나 정신질환이 곧 심신미약을 의미하는 것은 아니며, 정신질환의 증상과 범죄의 연관성이 분명해야만 심신미약으로 인정받을 수 있다. 과거에 아무리 정신질환으로 오래 치료받았다 해도, 그 사실이 정신감정 결과에 반영이 되지 않는 경우도 있다. 과거의 정신질환 이력보다 사건 당시 정신질환의 증상이 범행에 영향을 주었는지가 정신감정의 핵심이기 때문이다.

내가 정신감정한 C는 10년 넘게 조현병으로 약물치료를 받았던 사람이다. 10대 후반에 진단받고 증상이 좋지 않을 때는 입원도 하고 비교적 병식[+]도 있어서 꾸준히 약을 먹으며 지냈

+ 　현재 자신이 병에 걸려 있음을 인식하는 것.

다. 그런데 집에서 주는 용돈이 모자란다고 불평을 심하게 하고, 신용카드로 이것저것 사거나 게임 아이템을 결제하는 일이 잦아졌다. 이를 보다 못한 어머니가 카드빚을 갚아줄 수 없다며 잔소리하자 C는 어머니를 심하게 폭행했고 이 사건으로 정신감정이 의뢰됐다. C를 면담해보니, 사건 당시 어머니에 대한 피해망상이 존재하지 않았으며 어머니를 폭행하는 행동과 관련된 환청도 없었다고 증언했다.

이후 아버지와 면담하면서는 사건 전에도 부모님이 돈 문제로 잔소리를 하면 귀찮아하고 소리를 지르는 일이 반복되었다는 사실도 알게 됐다. C는 어머니에게 화내거나 짜증내면 안 된다는 건 알고 있지만, 잔소리가 지겨워 때렸다고 표현했다. 이런 경우에는 피감정인의 정신질환 증상이 범행에 영향을 미쳤다고 판단할 수 없다. '어머니가 자신을 감시하고, 해치고, 죽이려고 한다' 같은 기괴한 피해망상도 없었고 '어머니를 때려야 한다'는 환청이 있었던 것도 아니기 때문이다. 따라서 이 사건의 경우 피감정인이 폭행을 저지른 순간 스스로의 판단에 따라 행동한 것으로 보는 편이 합리적이다. 즉 사건 범행 당시에 심신미약이 아닌 심신건재 상태인 것이다. 이처럼 조현병 환자의 모든

나의 무섭고 애처로운 환자들

행동을 정신질환 때문으로만 치부할 수는 없다.

꽤 많은 사람이 이런 말을 한다. 왜 범죄자를 치료하는 데 우리 세금을 써야 하느냐고. 솔직히 나도 예전엔 비슷한 생각을 했다. 그러나 이곳에 와서 환자를 보면서 내린 결론은 '이들에게는 반드시 치료가 필요하다'는 것이다.

치료는 범법 정신질환자 개개인을 위한 복지 서비스가 아니다. 이들을 치료하는 일은 결국 재범 방지로 이어진다. 피해자들이 겪은 고통의 깊이를 감히 헤아리긴 어렵지만 '재범을 막는 일'은 대개의 피해자가 원하는 일일 테고, 사회 안전을 위해서도 꼭 해야만 하는 일이다.

국립법무병원으로 오는 환자들

    치료감호법에 따르면 국립법무병원의 환자는 세 종류로 분류된다.

    첫 번째는 조현병, 조울증, 정신지체 등 여러 가지 정신질환으로 인해 현실 판단력이 떨어져 범죄를 일으킨 사람들이다. 이때 심신미약 여부가 중요한 쟁점이다. '심신미약'은 주변 상황을 인식하는 능력인 '사물변별능력'과 그 상황에서 어떻게 행동할 것인지를 정하는 '의사결정능력'에 문제가 있어 판단능력을 상실한 상태에서 범죄를 저지른 경우를 말한다. 예를 들어, 환자들이 '누군가가 자신을 괴롭힌다', '피해를 주고 있다', '나를 싫어하기 때문에 일부러 그런다' 등의 피해망상에 사로잡혀 있다

                                                나의 무섭고 애처로운 환자들

면 결국 피해망상의 대상인 피해자들을 때리거나, 칼로 찌르거나, 죽이려 하거나, 죽이는 등의 중범죄를 일으킨다. 그 외에도 '피해자가 자신에게 욕을 한다', '피해자를 죽여라'라는 환청을 듣고는 그 말대로 행동해 범죄가 일어나기도 한다. 이렇게 정신병적 증상들 때문에 사건을 저지른 경우 재판부는 범죄와 증상이 직접적인 연관성이 있다고 보고 '심신미약'으로 판단한다.

두 번째는 약물중독, 알코올중독자들이다. 약물중독은 나라에서 사용을 금하는 필로폰, 대마와 같은 마약을 하거나 수면제나 안정제와 같은 향정신성의약품을 복용하거나 본드, 부탄가스와 같은 물질들을 반복해서 흡입한 경우다. 알코올중독은 술을 반복적으로 먹고 술에 취해 여러 행동 문제가 나타나는 증상이다. 중독 질환은 스스로가 선택한 행동의 결과라서 심신미약으로 인정되지는 않지만, 중독으로 인한 범죄는 재범 가능성이 높으므로 해당 범죄자는 국립법무병원에서 치료받도록 법에서 정하고 있다.

세 번째는 소아성애증이나 노출증, 마찰도착증, 물품음란증처럼 정상적이지 않은 성적 집착과 그에 따른 행동을 보이는 변태성욕장애자들이다. 이들은 대부분 강간, 성추행 같은 성범죄를 저지르고 난 뒤에야 정신과적 진단을 받는데, 가해자들이 사건에 대하여 스스로 옳고 그름을 충분히 판단할 수 있기 때문에 심신미약으로 인정되지는 않는다. 하지만 그릇된 성 인식을 바로잡는 인지행동치료, 면담치료, 성충동 약물치료 등 정신과적인 전문치료를 받아야 재범 위험이 줄기 때문에 국립법무병원으로 와서 치료받게 되어 있다.

환자 유형을 세 가지로 분류하긴 했으나, 한 사람 한 사람 제각기 다른 환경에서 다른 증상으로 인한 범죄를 저지르고 이곳에 모인다.

국립법무병원에 처음 왔을 때 나를 제일 반겨준 사람은 같은 병원 출신 선배도 아니고, 원래 일하던 병원에서 알던 간호사도 아니었다. 바로 기질성 성격장애 환자 L이었다. L은 바로 직전까지 일했던 병원에서 내가 주치의를 했던 환자였는데 어렸을 때 교통사고를 당한 후로 걸음걸이가 불편했고 머리를 다쳐 충동 조절이 잘 되지 않았다. 10대 후반부터 동네에서 작은 일로도 화내고 다른 사람을 때리거나 집 안에서 집기를 던지는 등 공격적인 행동을 보여 부모를 힘들게 했고 근처 정신병원에 자주 입원했다. 병동에서도 크고 작은 문제를 일으키고 제멋대로여서 간호사와 보호사 들이 얄미워하는 환자였다.

어느 날 L의 아버지가 법원에 제출한다며 L의 진단서를 발급받아갔다. 집으로 커피 배달을 시켰는데 커피를 가져온 여성을 성추행해 형사고소를 당했다고 했다. 그 후로 소식을 몰랐는데 국립법무병원에 와보니 L이 그 진단서로 재판에서 치료감호형을 선고받고 이곳에 입원해 있는 것이 아닌가. L은 상황 파악도 못하고 다른 환자들에게 자기는 주치의를 옛날부터 알았다며 병동에서 자랑하고 다녔다. 이런 상황이 황당하기도 하고 밖에서 속 끓이고 있을 부모가 안쓰럽기도 하고 복잡한 심정이었다. 그래도 L 덕분에 병원에 빠르게 적응할 수 있었다. 무엇보다 국립법무병원 환자들이 내가 예전부터 봤던 환자들과 크게 다르지 않구나 싶었다.

죄는 미워하되 사람은 미워하지 말라는 말이 있다. 이곳에서 근무하기 전까지는 이 말이 정확하게 무슨 뜻인지 몰랐다. 하지만 이제는 안다. 우리 병원 환자들을 생각하면 정말 와닿는 말이다. 정신질환에 대한 편견만으로도 이미 소외된 상황인데 범죄자라는 정체성이 덧씌워지면서 이곳 환자들은 이중으로 배척받는다. 나는 범죄 자체를 옹호할 생각은 추호도 없다. 크든

작든 이들이 저지른 범죄가 나쁘다는 것은 자명하다. 그러나 관리받지 못한, 치료받지 못한 정신질환 증상의 끝에 범죄가 있었다는 생각을 자주 한다. 나는 우리 환자들이 제대로 된 치료를 제때 받았다면 일상을 유지하며 사회에서도 잘 지냈을 것이라고 확신한다.

3

슬기로운 국립법무병원 의사생활

일상 고소 다반사

오늘 아침에 출근하자마자 K가 S의 과자를 몰래 훔쳐 먹었고 그것이 발각되어 둘이 싸우고 난리가 났다는 이야기를 병동 간호사에게 보고받았다. 드라마에서 의사가 뭔가 멋있는 의학용어로 환자 상태를 보고받는 모습을 종종 보는데 내가 병동에서 받는 보고는 그것과는 다르다. 예를 들어 "환자에게 현재 irritability(흥분성)가 관찰되며 타 환자를 향해 aggressive behavior(공격적 행동)와 impulsivity(충동성)를 보였습니다"라는 어려운 말보다는 "K가 계속 과자 먹고 싶다고 '와' 하고 소리 지르더니 결국 S의 과자를 훔쳤어요. 그러다가 둘이 주먹이 한 대씩 오고 갔어요"라는 설명이 판단에 도움이 된다. 사실 멋

: 슬기로운 국립법무병원 의사생활

은 없다. 너무 유치하기도 하고. 하지만 이런 행동 자체가 정신질환의 증상이다. 그래서 오늘도 싸운 환자 둘을 서로 떼어놓고 마음을 가라앉힐 시간을 주기 위해 보호실로 격리 조치했다. 보통은 하루 정도 지나면 환자들이 안정되어 "잘못했어요, 다시는 안 그럴게요"라고 이야기한다. 그렇게 다시는 싸우지 않겠다고 다짐하고는 나와서 헤헤거리다가도 며칠이 지나면 또 비슷한 문제로 싸운다. 그럴 때마다 주치의는 "또 이러면 돼요, 안 돼요" 하며 어르고 타이른다. 이럴 땐 내가 의사인지 유치원 선생님인지 헷갈린다.

사실 이런 일은 귀엽고 소소한 사건이다. 오늘 퇴근하기 전까지 오후 내내, 나는 환자 A가 경찰에 간호사들을 고소한 일과 관련해 진술서를 썼다. A는 예전부터 국립법무병원에서 환자들이 갑자기 죽는 사건이 있었는데 그게 다 간호사랑 의사 들이 환자에게 이상한 약을 먹였기 때문이라고 주장했다. 물론 당연히 사실이 아니다. A는 조현병 환자인데 예전 주치의와 당시 근무했던 간호사들에게 피해망상이 있어 이런 황당한 이야기로 공주 경찰서에 수차례 고소와 취하를 반복했다. 누가 봐도 말이 안 되는 상황이지만 일단 고소장이 접수되었기 때문에 경찰서

나의 무섭고 애처로운 환자들

에서는 사실 여부를 확인하기 위해 병원에 진술서를 요구한다. 그래서 주치의는 현재 환자 상태가 어떠한지, 어떤 치료를 받고 있는지, 왜 환자가 저런 이야기를 하는지 등을 자세하게 써서 보내야 한다.

이런 상황은 그나마 환자의 정신병적 증상이 명확하기 때문에 이유를 설명하고 대응하는 데 큰 어려움은 없다. 더 곤란한 것은 가끔 성격장애 환자들이 못된 마음을 먹고 주치의나 간호사를 고소할 때다.

몇 년 전에 퇴원한 B는 알코올중독이었다. 술을 먹고 싸움이 붙은 사건으로 오래전에 국립법무병원에 처음 입원했고 1년 정도 지나 퇴원했는데, 보호관찰기간 중에 마음대로 약을 끊고 술을 먹고는 술값을 내지 않아 결국 다시 입원했다. 돌아온 B는 약물치료를 안 받은 지 꽤 오랜 시간이 지난 상태였다. 입원한 직후부터 주기적으로 병동에서 다른 환자를 괴롭히고 간호사들에게 괜히 시비 섞인 불만을 토로해서 그때마다 주치의가 면담하고 달래고 정서적인 지지를 제공했지만 행동은 변하지 않았다. 결국은 충동을 조절하는 정신과 약을 처방했는데 B는 약 먹는 것을 극도로 싫어했다. 주치의가 자신을 미워해 벌을 주려고 약물을

: 슬기로운 국립법무병원 의사생활

처방한 것이라며 의사와 간호사를 계속 협박하고 괴롭혔다. 시간이 지나 내가 B의 주치의를 맡게 됐다. 당시 B는 최소한의 약만 먹고 있었는데, 행동 증상을 관찰해보니 정말 사소한 일에도 충동을 조절하지 못하고 있었다. 간호사가 특정 환자만 편애한다며 갑자기 욕을 하고 소리를 지른다거나, 식사할 때 반찬이 불공정하게 배식된다며 불평했다. 그러다가 결국 왜 자기만 반찬을 적게 주느냐고 소리를 지르고 식판을 엎고 야단법석을 떨었다. 이럴 경우 주치의는 안정될 때까지 보호실에서 격리 조치를 취한 뒤에 환자를 면담하고 대개는 약물을 바꾼다. 환자가 급격하게 충동성, 공격성 등의 증상을 보이는 경우 이를 치료하기 위한 약물을 추가하거나 증량해야 하기 때문이다. 내가 약을 늘리자 B는 주치의가 자신을 공격하려고 부적절한 치료, 과잉 처방을 한다고 줄기차게 주장했다. 그러더니 결국 자신에게 고용량의 약물을 억지로 투여했다는 이유로 나를 고소했다. 이런 일이 생기면 기운도 빠지고 황당하지만 그냥 속상해하고만 있을 수는 없다.

환자에게 고소를 당하면 하는 일은 정해져 있다. 내 컴퓨터의 고소 고발 폴더를 열어 과거에 다른 환자가 나를 고소했을 때 제출했던 양식을 참고해 새로 진술 답변서를 작성하는 것이다. 환자가 자신의 주치의나 다른 의사 혹은 간호사 들을 고소하거나 민원을 넣는 일은 국립법무병원에서는 비일비재하다. 워낙 교도소를 들락날락하면서 법에 빠삭하게 된 환자도 많고 또 이렇게 법적으로 대응하는 것을 좋아하는 환자도 있기 때문이다. 그래서 가끔 환자에게 고소를 당하면 기분은 나쁘지만 두렵지는 않다. 나는 내가 해야 할 일을 한 것이기 때문에 있는 그대로 성실히 답변서를 써서 공주 경찰서로 보내면 거의 대부분이 기각된다. 하지만 B처럼 자신의 생각에서 헤어나지 못하는 환자들을 보면 화가 나기도 하지만 주치의로서 안타깝다. 단지 나와의 관계에서뿐만 아니라 앞으로 사회에 복귀해서도 이렇게 반복적으로 자신이 겪는 일들을 왜곡해서 받아들이면 살아가는 게 힘들기 때문이다.

가끔은 면담을 하다 사소한 일로 다른 환자를 고소하겠다고 씩씩거리고 흥분하는 환자에게 이렇게 이야기한다. 세상 모든 것을 고소로 해결할 수는 없다고. 사회에 나가면 어쩔 수 없이 다른 사람과 갈등이 생길 텐데 그럴 때마다 고소를 남발하면 결국 무고죄가 될 수도 있고, 제대로 된 인간관계를 맺을 수 없으니 대화로 해결할 수 있는 것은 좀 해보자고.

"밥은 잘 먹어요? 잠은 잘 자요?"

나는 입원이 치료에 도움이 된다고 믿는다. 이는 나뿐만 아니라 대부분 정신과 전문의들의 공통된 의견일 것이다. 전공의 1년차 초기에는 왜 입원치료를 해야 하는지 그 이유를 잘 몰랐지만, 여러 환자를 경험하면서, 정신과 의사로 일한 시간이 쌓이면서 그 필요성을 체감하게 됐다.

정신과 의사들이 입원을 결정하는 가장 큰 기준은 '일상생활이 가능한가'다. 환자가 사회생활이나 가정생활을 제대로 이어나가지 못할 정도가 되면 폐쇄병동 입원을 권유한다.

폐쇄병동은 과연 어떤 곳일까? 일반 병동과 폐쇄병동의 차이점은 말 그대로 병동을 폐쇄하느냐 그렇지 않느냐다. 폐쇄병

나의 무섭고 애처로운 환자들

동에 관한 가장 큰 오해가 '환자를 교도소처럼 좁은 병실에 가두어 생활하게 한다'는 것인데, 실상은 그렇지 않다. 병실 문은 항상 개방해둔다. 단지 병동과 외부를 연결하는 가장 큰 문을 열쇠로 잠가 통제한다. 환자가 의료진 몰래 나가는 것을 방지하기 위해서일 뿐 아니라 외부인이 함부로 병동 안으로 드나드는 것을 막기 위해서다.

병동을 폐쇄하는 이유는 뭘까? 폐쇄병동의 가장 큰 목적은 환자의 안정이다. 증상이 심한 정신질환자는 자극을 최소화하려면 너무 많은 사람을 만나서도, 너무 많은 일을 해서도 안 된다. 그리고 '이곳은 당신이 아는 의사와 간호사, 보호사 들만 드나들 수 있는 안전한 공간'이라는 인식을 주어야만 외부로부터 공격받는다고 생각하는 취약한 환자에게도 안정감을 줄 수 있다.

대부분 폐쇄병동 안에서는 컴퓨터나 핸드폰 사용을 금지한다. 또 자신을 해칠 수 있는 위험한 물품도 사용할 수 없다. 병원마다 약간씩 차이가 있지만, 목을 맬 수 있는 긴 샤워 타월도 안 되고 흉기로 쓸 수 있는 날카로운 물건도 반입 금지다. 볼펜 대신 부들부들한 플러스펜만 허용하기도 한다. 또한 유리병에 들어 있는 음료수나 화장품도 반입할 수 없으며 커피 같은 카페인 음료도 하루에 한 잔 정도로 정해져 있거나 디카페인 커피만을 주기도 한다.

그렇다면 이렇게 제한이 많은 곳에서 환자들은 무엇을 할까? 폐쇄병동은 기본적인 '일상생활'을 관리하도록 돕는 장소다. 전공의 1년차 때 환자들과 함께 폐쇄병동에서 생활하며 좋았던 점은 규칙적이고 단순한 생활 패턴 속에서 살게 되니 무료하지만, 잡념이 사라지고 내 생활에 집중하게 된다는 것이었다. 환자들이 병원 밖에서 불안정한 상태에서 제대로 해내지 못했던, '제때 식사하고, 제때 약을 먹고, 제때 잠을 자는' 가장 기본적인 생활을 하도록 하는 게 폐쇄병동의 목적이다.

피부과 의사는 "어디가 가려워요?", 산부인과 의사는 "축하합니다. 임신입니다!"라는 말을 제일 많이 한다는 우스갯소리가 있다. 정신과 의사는 어떤 말을 가장 많이 할까? "밥은 잘 먹어요? 잠은 잘 자요?"가 아닐까. 지금도 회진할 때 잠 잘 자느냐, 밥 잘 먹느냐는 잔소리 아닌 잔소리를 하는데, 환자들은 왜 선생님은 매번 똑같은 것만 묻느냐고 한다. 그럴 때면 근엄하게 대답해준다. 사람이 살아가는 데 잘 먹고, 잘 자고, 잘 싸는 것처럼 중요한 게 어디 있느냐고.

나의 무섭고 애처로운 환자들

폐쇄병동은 단순히 환자가 이상한 행동을 하니까 가두어놓는 곳이 아니다. 잃어버린 환자의 일상생활을 회복하는 곳이다. 독감에 걸려 열이 나고 근육통이 심하면 의사를 찾아가 약을 지어 먹는다. 심하면 입원해 수액을 맞으며 치료를 받기도 한다. 그리고 상태가 좋아지면 다시 일상으로 돌아간다. 정신질환도 마찬가지다. 힘들고 아플 때는 병원에 가고, 심하면 입원해 치료를 받고 호전되면 일상으로 복귀하는 것이다.

무라카미 하루키는 루틴을 활용하는 작가로 유명하다. 매일 일정한 시간에 일어나 조깅이나 수영을 하고 정해진 시간만큼 글을 쓰는 그는 이러한 규칙적인 생활이 정신력과 체력으로 이어진다고 믿는다고 한다. 정신건강을 관리하는 방법도 이와 같다. 규칙적인 운동이 몸의 근육을 길러주듯이 규칙적인 일상이 마음의 근육을 길러준다. 몸 근육을 기르면 갑작스럽게 달리기를 하거나 어떤 동작을 취해도 몸에 무리가 되지 않는다. 마음도 마찬가지다. 규칙적으로 수면을 취하고 식사를 하는 루틴을 통해 마음의 근육을 기른다면, 갑작스러운 스트레스 상황에서도 정신건강을 지킬 수 있을 것이다.

: 슬기로운 국립법무병원 의사생활

4

신기하고 흥미로운 정신감정 이야기

정신감정을 하는 이유

우리나라에서 정신과 전문의가 되려면 전공의 수련 기간 동안 반드시 정신감정을 두 건 이상 해야 한다. 정신감정이 정신과 전문의의 중요 업무 중 하나이기 때문이다. 정신감정은 민사와 형사로 나뉘고, 재판관이 정신상태에 관한 전문가의 판단이 필요하다고 인정할 때 정신감정을 신청한다.

대학병원에서 전공의 수련을 하던 시절에는 주로 보험회사에서 의뢰한 민사정신감정을 진행했다. 손해배상 여부를 결정하기 위한 정신감정으로, 이때 정신과 의사는 맥브라이드 장해평가(McBride's Disability Assessment)를 통해 이 사람이 사고로 노동 능력을 얼마나 상실했는지를 판단한다. 이것은 1936년에

　　　　　　　　　　: 신기하고 흥미로운 정신감정 이야기

미국 오클라호마 의과대학 정형외과 교수인 맥브라이드가 쓴 노동력 상실 평가 방법인데, 직업과 장해 부위의 관련표로 신체의 장해를 백분율로 평가한다. 대부분의 민사소송에서는 이 기준을 사용하고 있다.

우리나라 형법 제10조 1항은 "심신장애로 인하여 사물을 변별할 능력이 없거나 의사를 결정할 능력이 없는 자의 행위는 벌하지 아니한다"고 규정한다. 심신장애 여부를 정확하게 알아보기 위해 하는 것이 바로 형사정신감정이다.

국립법무병원의 설립 목적 두 가지 중의 하나가 바로 법원, 검찰, 경찰 등에서 의뢰한 자에 대한 정신감정이라서, 해마다 국내 형사정신감정의 약 90퍼센트인 450건 가량을 이곳에서 수행한다.

형사정신감정의 목적은 두 가지다. 하나는 정신질환의 유무를 확인하는 것이고, 다른 하나는 사물변별능력과 의사결정능력 유무를 판단하는 것이다. 정신감정은 피감정인에게 정신질환이 있는지, 있다면 어떤 질환인지를 찾는 데서 시작한다. 그리하여 정신질환이 존재한다는 생물학적, 과학적 사실이 입증되면 이것이 범죄행위에 영향을 미쳤는지 판단해야 한다. 자신이

나의 무섭고 애처로운 환자들

하려는 일의 옳고 그름을 구별할 능력이 있는지 그리고 그 상황에서 스스로 판단해 행동에 옮길 의사결정능력이 있는지를 보는 것이다. 이런 것을 종합해 최종적으로 '형사책임능력이 있다, 없다', '심신미약이다, 아니다'를 결정한다. 형사정신감정은 아직 미결인 형사사건과 연관되어 있기에 신중히 접근해야 한다.

정신과 진료는 진료실 문을 열고 들어오면서부터 시작이라는 말이 있다. 환자를 처음 볼 때의 표정, 행동, 말투 등 모든 것이 진단의 단서가 되기 때문이다. 형사정신감정도 크게 다르지 않다. 처음 피감정인이 병동에 도착하는 그 시점부터 모든 행동이 기록되고 관찰된다.

그리고 일반적인 정신과 외래에 오는 환자를 대할 때보다 의사들은 더욱 긴장한다. 피감정인의 인생에서 중요한 결정을 하는 자료가 되기 때문이다. 따라서 일반 정신과 외래에서라면 굳이 신경 쓰지 않아도 되는 것에도 신경 써야 한다. 치료를 위해 온 환자라면 환자가 주관적으로 표현하는 증상과 호소하는 불편을 따뜻하게 경청하면 된다. 하지만 형사정신감정을 위해 온 피감정인을 대할 때는 이 사람이 왜 이런 이야기를 하는지를 한 번 더 곱씹고 생각해야만 한다.

정신과 의사가 법원에 정신감정서를 제출해도 모든 의견이 다 받아들여지는 것은 아니다. 정신감정서는 재판 과정에서 증거 자료나 단서로 취급되며, 정신과 의사는 증언자의 역할을 한다. 증언을 증거로 채택할지 말지는 판사가 정한다. 법적으로 최종 결정도 재판에서 판사가 내린다.

나의 무섭고 애처로운 환자들

환자가 속이려고 할 때 알아내는 법

형사정신감정에 대해 가장 많이 받는 질문이 "피감정인이 의사를 속이려고 할 때 어떻게 알아내느냐"는 것이다. 실제로 정신과 의사라도 진료실에서 한두 번 잠깐 얼굴만 본다면 피감정인의 거짓된 증상 호소에 속을 수 있다. 하지만 감정 기간은 한 달이다. 그 긴 기간 동안 간호사와 보호사 들이 계속 피감정인의 행동을 관찰해 면밀히 기록을 남기고, 정신과 의사도 수시로 면담하기 때문에 피감정인이 속이기 매우 어렵다. 무엇보다 피감정인이 하루 24시간씩 한 달 내내 계속 미쳐 있는 척 연기하기란 결코 쉬운 일이 아니다.

유명한 피감정인의 일화가 하나 있다. 이 피감정인은 병동에 오면서부터 너무나 과하게, 소위 '미친 척'을 했다. 눈에 레이저가 들어온다고 눈을 감고 다니면서 이상한 소리를 지르고 급기야 병실에서 옷을 훌러덩 벗었다. 그런데 진짜 망상이나 환청 같은 정신병적 증상 때문이라면 자신의 알몸을 마음껏 보여주었을 텐데 막상 옷을 벗고 나니 생각보다 좀 부끄러웠던 모양이다. 일부러 여자 주치의가 어떻게 행동하려나 하고 빤히 쳐다보고 있으니 성기 부위를 가리려고 다리를 이리 꼬았다가 저리 꼬았다가 오므렸다가 손으로 가렸다가 애를 썼다. 누가 보아도 '옷 벗고 쇼하는구나' 싶은 생각이 들 수밖에 없는 상황이었다. 이 정도 일화는 귀여운 편이다.

얼마 전에는 갑자기 병원에 긴급 상황 방송이 나왔다. 이런 방송이 나오면 대부분 촌각을 다투는 응급 상황이기 때문에 병원에 있는 모든 의사가 하던 일을 제쳐두고 가보는데, 가보니 20대 남성 피감정인이 방사선 검사를 받으러 가다가 쓰러져 있었다. 다행히 혈압과 맥박은 괜찮아서 당장 급한 상황은 아닌 걸로 판단됐다. 의식 소실 여부를 확인하기 위해 손끝과 발끝을 자극하고 팔을 얼굴 위로 올려보니, 팔이 얼굴 옆으로 떨어졌다. 이런 행동은 대부분 허위 증상인 경우가 많다. 정말로 의식

나의 무섭고 애처로운 환자들

을 잃었다면 팔이 그대로 얼굴 위로 떨어졌을 것이기 때문이다. 어쨌든 그 남성은 감정 기간 내내 자신은 그런 식으로 정신을 잃은 적이 많으며 사건 당일도 잘 기억이 나지 않는다고 열심히 주장하다 갔다.

이처럼 관찰로 알 수 있는 부분도 있지만, 의사와의 집중 면담에서 드러나는 것도 많다. 다수의 피감정인이 사건 당시에 그리고 면담하고 있는 지금도 환청이 들린다고 강하게 주장한다. 환청은 눈에 보이는 게 아니라 당사자가 들린다고 말하면 그런가 보다 하는 증상이기 때문에 알아채기 힘들 거라 생각해서 거짓말을 한다. 하지만 거의 한 시간 가까이 하는 면담에서 진단을 위한 구조화된 질문을 던지면 말이 앞뒤가 맞지 않고 어설프다는 사실이 드러나므로, 정신과 의사를 속이기란 쉽지 않다. 전공의 1년차 때부터 환청과 망상을 호소하는 환자를 가장 많이 보면서 경험을 쌓았기 때문에 환청이 들리는 척하는 모습을 금방 알아챈다.

그밖에 피감정인은 '꾀병검사'라고 부르는 심리검사를 하며, 필요한 경우에는 일명 거짓말탐지검사로 불리는 심리생리검사도 한다. 이러한 검사로도 정신질환을 가장하는 여러 반응을 확인할 수 있다.

어떤 피감정인은 증상도 없는데 감형을 받으려고 가짜로 환청이 들리는 듯 연기하지만, 반대로 어떤 조현병 환자는 자신이 정신질환자가 아니라면서 증상을 숨기기도 한다. 얼마 전에 감정한 Q도 그랬다. Q는 면담실에 들어올 때부터 계속 환청과 대화하느라 혼잣말을 중얼거렸다. 또 위생 관리가 되지 않아 냄새가 풀풀 나고 치아 상태도 엉망이었다. 경험이 별로 없는 전공의 1년차가 5분만 대화해도 '아, 조현병 증상이 심한 상태구나' 하고 진단을 내릴 수 있을 정도로 증상이 뚜렷했다. Q는 아동복 매장에서 물건을 반복적으로 훔쳐 5년 전에도 치료감호형을 선고받고 국립법무병원에 입원했다가 퇴원한 조현병 환자였다. 퇴원 후에 그럭저럭 약을 챙겨 먹으며 지내다가 보호관찰기간이 끝나자 또 약을 마음대로 끊었다. 그러자 환청이 다시 들리기 시작했고, 자물쇠를 부수고 동네 아동복 가게에 들어가 옷을 훔쳐 구속됐다. 정신감정을 하는 정신과 의사 입장에서는 이런 피감정인을 면담할 때가 사실 제일 편하다. 사건과 정신병적 증상의 관련성이 너무 명확하고, 면담할 때도 피감정인의 증상이 잘 드러나기 때문이다. 첫 면담을 시작하고 한참 이것저것 묻는

나의 무섭고 애처로운 환자들

데, Q가 너무 천연덕스럽게 이야기했다.

"선생님, 저 환청 같은 거 하나도 안 들려요."

순간 웃음이 터질 뻔했지만 가까스로 참고 다시 물었다.

"아니, Q씨. 그럼 아이도 없는 사람이 왜 애들 옷을 훔치러 가게에 간 거예요? 직접 입으시려고요?"

그러자 Q는 너무나 순진한 얼굴로 말했다.

"그때 지나가는 사람들이 다 애들 옷 가져오라고 저한테 말을 해줘서 저는 그대로 한 것뿐이에요."

역시 예측한 대로 Q는 또 아이 옷을 훔치라는 환청을 듣고 그대로 행동에 옮긴 것이었다. 하지만 자신이 들은 것은 환청이 아니고 지나가는 사람들이 한 말이라고 이야기하는 것 아닌가. 조현병 환자가 이렇게 말하면, 감정 중이라도 감정 의사가 아닌 정신과 주치의로 돌아와서 당부한다. 재판에 가서 판사님한테 국립법무병원에 와서 치료 잘 받겠다고 이야기하라고. Q씨는 꼭 병원에 입원해야 하고 약도 잘 먹어야 한다고. 이런 조현병 환자들이 교도소로 가면, 약물 조절이 잘 되지 않는데다 짧은 기간만 형을 살고 출소하면 또다시 방치되어 관리가 잘 되지 않기 때문에 반드시 국립법무병원에 와야 한다.

요새 말로 참 웃픈 현실이다. 꼭 치료를 받아야 하는 사람은 환자가 아닌 척하고, 교도소로 가서 죗값을 치러야 하는 사람은 환자인 척해서 감형받으려는 것을 보면 정신과 의사로서 난감하기 이를 데 없다.

나의 무섭고 애처로운 환자들

정신질환자가 24시간 미쳐 있는 것은 아니다

2017년에 형사정책연구원에서 형사정신감정에 관한 연구를 했는데 그때 같이 연구하던 법학박사, 법대 교수 들과 대화할 기회가 있었다. 당시 의대를 졸업하고 다시 법대에 들어가 법학과 의학 분야를 두루 섭렵한 교수님이 하신 말씀이 기억난다. 바로 법조인들은 정신질환자가 24시간 내내 미쳐 있다고 착각한다는 것이었다.

정신감정서만으로 피감정인의 상태를 잘 알 수 없을 때 법원에서는 감정 의사에게 사실 조회서를 보낸다. 일종의 추가 질문서인데 얼마 전에도 한 달 전에 감정을 했던 피감정인에 관한 사실 조회서 작성을 의뢰받았다. 당시 피감정인은 가족이 자신

: 신기하고 흥미로운 정신감정 이야기

의 돈을 차지하려고 일부러 자신을 집에 못 들어오게 한다, 감시한다는 등의 피해망상으로 욕을 심하게 하고 어머니와 여동생을 반복적으로 때려 폭행죄로 입건됐다. 과거 다른 병원에 입원했던 기록과 사건을 조사한 피의자 신문조서에서도 몇 년 전부터 어머니에게 "네 서방은 너 때문에 죽었다", 여동생에게는 "니 애비는 니들이 죽인 거다"라고 말하는 등의 부적절한 언행을 했던 것으로 봤을 때 가족에 대한 피해망상으로 폭행을 반복했던 것으로 판단했다.

이러한 내용을 작성해서 감정서를 보냈는데, 법원에서 추가 질문이 있다고 했다. 질문 중 정신질환에 관한 사람들의 일반적인 오해를 확인할 수 있었던 질문이 하나 있었다. 피감정인이 일상생활에 큰 문제가 없고, 변호인과 이야기할 때나 검찰 조사를 받을 때 가족들에게 보였던 공격성이 관찰되지 않고 차분했는데, 조현병으로 보기 어렵지 않겠냐는 것이었다. 물론 증상이 심한 환자는 하루 종일 기괴한 행동만 하고 누가 봐도 이상한 말만 하는 경우가 있다. 하지만 대부분의 조현병 환자는 식사나 용변도 스스로 해결하고, 위생 관리도 잘하며 이웃들과도 문제없이 지낸다. 다만 자신을 괴롭힌다고 생각하는 피해망상의 대

나의 무섭고 애처로운 환자들

상, 즉 자신이 생각하는 적에게는 굉장히 심한 공격성을 서슴지 않고 표출한다. 그들은 그들의 적과 계속 전쟁 중인 것과 다름없다. 사실 조회서를 보낸 사건의 피감정인도 나와 면담할 때는 차분했고, 병동에서 생활할 때도 다른 사람과 문제없이 지냈다. 이 사람에게는 가족이 피해망상의 대상이었고, 다른 사람에 대한 피해망상은 없었다. 아마 이런 이유로 변호인이나 교도관 들에게도 특별히 공격적이지 않았을 것이라는 답변을 적어서 보냈다.

감정 의사에게 공정하고 중립적인 태도는 매우 중요하지만 의사도 사람인지라 가끔 안타까운 피감정인이 오면 못내 마음이 쓰인다. 스스로 선택했다기보다 어쩔 도리가 없는 상황에 짓눌려 삶의 구석으로 내몰린 사람. 지난 가을에 만났던 피감정인 T가 그런 경우였다. T는 알코올중독으로 5년 전부터 계속 병원을 들락날락했다. 하지만 원래 술에 절어 살던 사람은 아니었다. 어려서 T는 성실하고 밝으며 교우 관계도 좋았다. 또 아버지가 일찍 돌아가시고 어머니랑 단 둘이 살며 열심히 공부해 서울의 사립 명문대에 진학했다. 그러나 막상 대학에 들어가니 어려운 가정 형편이 커다란 핸디캡으로 다가왔다. 동기 중 누군가는 여름방학에 유럽에 간다고 하고 누군가는 휴학하고 유학을 준비한다는 말을 자연스럽게 했다. 나와는 어울리지 않는 곳이라는 생각에 위축되는 일이 잦았다. 학교 가기가 점점 싫어졌고, 우울감과 무기력감도 심해졌다. 어찌어찌 군대를 다녀오고 마음을 다잡아 복학했지만 학교에 적응하기 어려워 집밖에 나가지 않는 일이 반복됐다. 그러던 중에 어머니마저 교통사고로 돌아가시고 T는 결국 심한 우울증에 빠져 학교도 자퇴하고 단칸방에 틀어 박혀 온종일 술만 마셨다. 술이 떨어지면 술집에 가서 술을 먹었는데 돈을 내지 않는 일이 반복돼 결국 사기죄로 구속되고 정신감정이 의뢰되어 국립법무병원에 온 것이었다. 피감정인의 인생을 듣는 것이 내 일이기는 하지만, 어쩌면 평범한 이웃인 한 젊은이가 열심히 살다 우울증과 알코올중독으로 범법자가 되어버렸다. 이런 이들이 면담실에서 내 앞에 앉아 자신이 살아온 생을 담담히 이야기할 때는 안타깝기 그지없다.

정신질환 증상으로 인한 범죄를
무죄로 봐야 할까

정신의학의 대표적인 교과서인 《정신의학의 개요(Sy-nopsis of psychiatry)》 11판에 따르면 범죄가 성립하려면 반드시 두 가지 요건을 충족해야 한다. 첫 번째로는 자발적인 위법행위(voluntary conduct)이고 두 번째로는 악한 의도(evil intent)다. 두 가지 모두를 충족하지 않으면 의도적으로 저지른 범죄가 아닌 것으로 본다. 대표적인 예가 정신질환 혹은 정신상태의 결함으로 인하여 합리적인 의도(rational intent)가 없는 경우인데, 한때는 이들에 대해서 형법 적용에서 예외를 두었다.

《사법정신의학(Forensic Psychiatry)》 2판에는 정신질환으로 인한 형사책임의 면책에 관한 유명한 사례가 등장한다. 바로

: 신기하고 홍미로운 정신감정 이야기

1843년에 벌어진 영국의 맥노튼 사건이다. 정부가 자신을 죽이려 하며 자신의 뒤를 밟고 있다는 피해망상에 빠져 있던 맥노튼은 참다못해 수상을 죽이겠다고 결심하기에 이른다. 결국 그는 수상의 비서를 수상으로 착각하고 살해한다. 맥노튼의 재판에는 의학적 증인 아홉 명이 참여했는데, 이들 중 두 명은 의사였고 다른 둘은 정신이상과 관련된 책을 쓴 사람이었다. 이들은 모두 맥노튼의 행위가 망상의 결과임에 동의했고, 판사와 배심원이 정신이상을 근거로 무죄를 선고해 맥노튼은 병원으로 보내졌다. 이후부터 심한 정신질환으로 자신의 행위가 잘못이라는 것을 알 만한 능력이 없을 경우에는 무죄로 인정됐다. 이는 '맥노튼 규칙'으로 널리 알려졌으며 정신질환으로 인한 범죄의 형사책임능력에 관한 영미법의 지침이 되어 1900년대 미국과 영국에 퍼져나갔다.

그러나 '정신질환 증상으로 인한 범죄는 무죄'라는 주장에 관한 논쟁은 계속됐다. 법조계와 일반 대중은 애초의 법 원리를 흔들고 정의 실현을 저해한다는 이유로 계속해서 문제를 제기했다. 정신질환을 인정받으면 모두 무죄가 되어버렸기 때문이다. 많은 법률가와 정신과 의사들 사이에 정신질환 범죄의 법적

나의 무섭고 애처로운 환자들

판결에 관해 재고해야 한다는 분위기가 무르익었다.

그러던 중 1982년 미국에서 로널드 레이건 대통령 암살을 시도한 존 힝클리라는 사람이 재판에서 정신질환으로 무죄판결을 받았다. 그러자 대중들은 존 힝클리가 정신질환을 핑계로 자신이 저지른 범죄로부터 도망친다고 생각했다. 이렇게 무죄판결을 받으면 교도소가 아닌 정신병원으로 가니까, 자신이 저지른 행위에 대해 법적인 처분을 받지 않는다고 생각한 것이다. 그렇게 논란은 점점 커졌고 결국 1984년에 정신이상변호개혁법(Insanity Defense Reform Act)이 생겼다. 그때부터 '정신질환이 범죄의 이유면 무죄(Not guilty by reason of insanity)'의 개념은 '유죄이지만 정신질환(Guilty but mentally ill, 이하 GBMI)'으로 바뀌었다. 이후 정신질환이라는 것을 인정하되 유죄로 판결하고, 그에 따라 정신질환 치료를 주립병원이 아닌 형사 시설에서 진행하게 됐다. 또 피고인 측에서 자신의 정신질환을 입증하도록 했으며 정신질환에 의한 무죄판결은 최소한으로 제한했다. 이러한 변화는 '죄를 지었으므로 유죄'라는 법조계의 생각과 '정신질환이 있기 때문에 치료가 필요하다'는 정신의학계의 의견을 모두 만족시켰다.

GBMI는 정신질환을 인정한다는 것이 형벌을 감경할 이유가 되지 않는다는 점을 명확히 했다. 미국의 경우 GBMI 판결을 받은 사람의 상당수가 교도소는 아니지만 구속 강도가 매우 높은 정신과병동에 입원한다. GBMI 정신이 잘 드러난 대표적인 판례가 바로 1996년에 일어난 '존 듀폰 사건'이다. 이 사례는 영화로도 만들어졌는데, 존 듀폰은 전쟁 중 군수사업으로 부를 축적한 미국의 화학회사 듀폰 가의 자손이다. 이 사람은 부인에게 총구를 들이밀면서 죽이겠다고 협박했고 모든 곳에 자신의 적이 있다는 피해망상이 심해 지하 터널에 잠복하는 등 평소 엉뚱하고 이상한 행동을 자주 했다고 알려져 있다. 그렇게 피해망상에 시달리던 듀폰은 자신이 만든 레슬링 팀 코치로 영입한 LA 올림픽 금메달리스트 데이비드 슐츠를 살해했다. 듀폰은 자산가였기 때문에 변호인을 여럿 내세워 결국 배심원 평결에서 정신질환을 인정받았다. 그러나 '정신질환이기 때문에 무죄'가 아니라 '3급 살인'으로 30년 형을 선고받고 교도소로 갔으며 결국 형량을 다 채우기 전인 2010년 교도소에서 사망했다.

지금은 우리나라에서도 정신감정을 할 때 '죄를 인정하되 정신질환으로 인한 것이다'는 개념으로 접근하고 있다. 앞에서

나의 무섭고 애처로운 환자들

이야기한 우리나라 형법 제 10조 1항을 다시 살펴보자. 심신장애로 인하여 형사책임능력이 없는 사람, 즉 심신상실인 자는 무죄로 보지만 형사책임능력이 미약한 사람, 즉 심신미약인 자는 형을 '감경할 수 있다'고 되어 있다. '감경해야 한다'가 아니다. 따라서 정신감정에서 정신과 의사가 심신미약이라는 판단을 증거로 제출하고 이것이 인정된다면 형이 감경되거나 치료감호형을 받아 국립법무병원으로 올 수도 있지만, 형이 감경되지 않을 수도 있고 교도소로 가기도 한다. 정신질환을 핑계로 범죄자가 죗값을 치르지 않고 형의 감경이 남용되면 안 되기 때문이다.

형사정신감정은 감형만을 위한 제도는 아니다. 정신질환을 치료해야 할 사람과 그렇지 않은 사람을 구분하기 위한 중요한 제도다. 정신감정을 위해 면담할 때 감형을 목적으로 환청이 들리는 척하거나 자신이 가진 증상보다 더 아픈 척하는 피감정인을 보면 나도 모르게 짜증이 나고 분노가 치밀지만 꾹 참는다. 그리고 더 열심히 피감정인의 상태를 알아내려 노력한다. 앞으로 뉴스에 심신미약을 주장하는 정신질환 범죄자의 이야기가 나오면 덮어놓고 욕하기보다는, 국립법무병원에서 정신감정을 통해 잘 밝혀내겠구나 하고 생각해주었으면 좋겠다.

: 신기하고 흥미로운 정신감정 이야기

5

가정폭력의 가장 슬픈 결과

그럼에도 경멸하게 되는 범죄들

국립법무병원에 근무하면서 참 많은 범죄들을 접했다. 하지만 아무리 이해해보려 해도 도저히 그럴 수 없고 자꾸 경멸하게 되는 범죄가 바로 강간 같은 성범죄다. 그중에서도 친족을, 특히 자신의 친딸을 대상으로 성범죄를 저지르는 사람은 아무리 봐도 적응이 안 된다.

국립법무병원으로 이직한 지 얼마 되지 않아 가장 처음 읽은 감정서는 자신의 친딸을 성추행한 지적장애인 Y의 것이었는데, Y의 두 딸 또한 지적장애가 있었다. Y는 부인이 성관계를 거부하자 고등학생인 큰딸과 중학생인 작은딸을 반복적으로 성추행했다. Y는 지능지수가 '53'에 지나지 않은 경도지적장애였

: 가정 폭력의 가장 슬픈 결과

지만 꾸준히 공장에서 일했고 부인과 결혼도 하고 자녀도 둘이나 출산하는 등 일상적인 현실판단능력을 유지하고 있었다. 또한 사회규범을 이해하고 행위의 선악을 판단하는 데 어려움을 겪는 상태는 아니었다. 게다가 얄밉게도 자신이 한 행동이 옳지 않음을 알고 형을 감경받기 위해서 이렇게 말했다가, 저렇게 말했다가 하는 등 사건에 대해서 진술을 번복하는 비일관적인 태도를 보였다.

내가 직접 본 피감정인은 아니었으나 감정서만 읽어도 끓어오르는 분노를 참을 수 없었다. 어떻게 성욕이 생긴다고 남도 아닌 자신의 친딸을 성적으로 유린할 수가 있을까. 감정서에는 피감정인의 딸들이 아버지의 성추행을 반복적으로 거부했다고 되어 있었다. 하지만 Y는 "엄마 안 온다, 엄마 오려면 멀었다, 괜찮다" 하면서 딸들을 성추행했다.

Y는 범행 당시 자신의 행위가 사회적 금기 행위라는 사실을 충분히 알고 있었음에도 다른 사람보다 접근이 쉽고 자신이 통제할 수 있는 지적장애를 가진 친딸을, 그것도 둘 모두를 성추행했다. 그리고 발각되지 않기 위해 엄마에게 말하지 말라고 딸들 입을 막았고, 항상 부인이 없을 때만 그런 행동을 했다. 이러한

모든 상황을 고려했을 때 당시 감정 의사는 Y에 대해 모든 상황을 판단할 능력이 있는 상태, 즉 심신건재 상태로 판단했다.

이렇듯 지적장애인이 자신의 딸을 대상으로 성범죄를 저지르는 경우가 간혹 있다. R도 그중 하나였다. R도 Y처럼 경도지적장애 환자였다. 병실에 앉아 있는 R의 얼굴을 처음 봤을 때 그의 범죄명과 매치가 잘 되지 않았다. 그냥 순박한 시골 아저씨처럼 보이는, 병동에서 다른 사람도 잘 도와주고 스스럼없이 어울리며 지내는 보통 사람이었다. 하지만 그는 딸을 강간한 아버지였다.

R은 초등학교 때부터 글씨도 깨치지 못할 정도로 지적 능력이 낮았다. 가난한 가정 형편 때문에 중학교에 가지 못하고 공장에서 일하다가 20대 후반에 자신과 비슷한 처지의 지적장애인 아내를 만나 결혼했다. 그러다 첫째 딸을 낳아 지역의 사회복지사들과 여러 센터의 도움으로 겨우겨우 딸을 키워나갔다. 그리고 4년 후에 부인이 두 번째 아이를 임신하게 되었다.

정신과 교과서에도 실려 있는 내용인데, 남성의 외도가 증가하는 시기가 바로 아내가 임신하고 있을 때다. 아무래도 여성은 임신 상태에서 성관계를 꺼리게 되는데, 그때 남성이 성매매

: 가정 폭력의 가장 슬픈 결과

를 하거나 다른 여성과 성관계할 확률이 높아진다는 것이다. 물론 모든 사람이 그렇다는 것은 아니고, 이성이 작동하는 사람이라면 감히 그런 행동을 실천으로 옮기지 않을 것이다. 그러나 지적 능력이 저하된 R은 부인과 성관계를 하지 못하게 되자 가장 가까이에 있고 자신의 말을 잘 듣는 당시 4세인 딸을 성범죄의 대상으로 삼았다.

R은 심신미약을 인정받아 국립법무병원에 입원했다. Y와는 달리 R은 자신이 저지른 사건의 의미가 무엇인지 정확히 판단하는 능력이 부족했다. R에게 당신이 저지른 사건에 대해 어떻게 생각하느냐고 물으면 잘못했다고는 하나 그 잘못의 의미가 무엇인지는 설명하지 못했다. 이런 경우 주치의와 법무부의 할 일은 R이 퇴원했을 때 딸들에게 예전과 같은 일이 다시는 생기지 않도록 하는 것이다. 그래서 퇴원 후 당분간 딸과 R을 분리된 곳에서 살게 할 계획이며 지역 정신보건센터, 주민센터, 사회복지사들이 곁에서 도울 예정이다. R은 지금도 퇴원한 후 왜 딸과 함께 살면 안 되는지 이해를 잘 못한다. 그래서 R의 가정을 보면 또 다른 의미로 안타깝고, 걱정이 된다.

나의 무섭고 애처로운 환자들

"대체 얼마나 조른 거예요?"

물론 안타까운 상황만 있는 것은 아니다. 인면수심의 나쁜 놈도 있다. 앞에서 말한 Y나 R는 지능이 다소 낮은 사람들이다. 이성적으로 상황을 판단하는 능력도 부족하고 행동도 보통의 지능을 가진 사람과는 다를 수 있다. 그러나 보통의 지능을 가진 사람이 자신의 딸을 성폭행한 경우도 꽤 있다. E도 그중하나다.

E는 평소에 술을 많이 마셨다. 경제적으로 어려운 형편 때문에 열심히 일했으나 상황은 더욱 나빠졌다. '스트레스 때문에' 술은 점점 늘었다. 결혼 후에는 어머니의 병원비를 두고 아내와 자주 다퉜다. 아내와 싸우고 나면 술을 먹고, 술 먹는다고

: 가정 폭력의 가장 슬픈 결과

또 싸우는 악순환이 반복됐다. 여느 때처럼 술을 마신 어느 날, E는 딸 방으로 들어가 자고 있는 어린 딸을 강간했다. 그것도 한 번이 아니라 일주일에 3회 이상이나. 딸이 고등학교 3학년이 될 때까지 그렇게 괴롭혔고 결국 성인이 되어 아버지를 경찰에 고발하면서 비로소 그 파렴치한 짓거리를 멈추게 되었다.

E는 징역 10년형과 치료감호형을 받아 국립법무병원에 왔다. E는 병동에서 건실한 환자로 인정받는 사람이었다. 하지만 E와 면담할 때마다 묘하게 불쾌했다. 우선 면담 때 사건 이야기를 하면 술 핑계를 대며 취해서 그런 것이지 절대 다른 뜻이 있었던 것은 아니라는 둥, 원래 술을 마시면 기억을 잘 못한다는 둥, 나중에야 이야기를 듣고 알았다는 둥 변명으로 일관했다. 시간을 들여 길게 면담을 이어가자 사건 당시에 술이 깨니 자기도 모르게 성관계 중이었고 그래서 한동안 조심했는데 또 술에 취하면 실수를 했다는 이상한 이야기를 늘어놨다. 딸을 그토록 오랜 세월 강간한 아버지가 어떻게 그저 술 때문이었다고 가증스럽게 얘기할 수 있을까.

어느 날 E가 조심스럽게 물었다. 피해자인 딸이 탄원서를 보내면 본인이 퇴원하는 데 도움이 되느냐는 것이다. 처음 이야

나의 무섭고 애처로운 환자들

기를 들었을 때 '내가 지금 무슨 이야기를 들은 건가' 싶어 당황스러웠다. 마음을 가다듬고 물었다. "피해자인 딸이 편지를 써주겠다고 하던가요?"라고 묻자 자기가 진심으로 용서를 빌었고 그래서 딸이 흔쾌히 편지를 써주겠다고 했다는 것이다.

상식적으로 이해가 가지 않았다. 아니, 솔직히는 몹시 화가 났다. 엄연히 법적인 처벌을 받고 있는 사람이, 그것도 딸에게 크나큰 상처를 준 사람이, 어떻게 자기가 조금 빨리 퇴원하고 싶다고 뻔뻔하게 편지를 써달라고 할 수 있을까? 딸은 어떤 심정으로 아버지의 요구를 들어주었을까? 다시 한 번 숨을 고르고는 E에게 대놓고 물었다. "대체 얼마나 딸에게 조른 거예요?" E는 당황하는 눈치였다. 그러고는 자기는 전혀 조르지 않았는데 딸이 큰맘 먹고 다 용서하기로 한 것 같다는 둥 그래서 너무 고맙다는 둥 말을 돌렸다.

마음 같아서는 E의 딸에게 전화해서 제발 써주지 말라며 뜯어말리고 싶었다. 그러다 생각했다. 내 마음 편하자고 E의 딸에게 또 다른 상처를 주는 것 아닌가. 결국 딸에게는 아무 연락도 하지 못했다.

E는 딸의 편지 덕분인지 몇 번의 심사를 거쳐 퇴원이 결정됐

: 가정 폭력의 가장 슬픈 결과

다. 원칙적으로는 딸과 분리 거주하는 조건으로 퇴원했기 때문에 그 후에 E가 딸과 만났는지, 딸과 나머지 가족들이 어떻게 살고 있는지 나는 잘 모른다. 사실 알게 되는 것이 두렵다. 만약 E의 딸이 후회한다면 나 또한 견디기 힘들 것 같다.

피해자가 가해자가 되는 악순환

매형을 살해한 사건으로 정신감정이 의뢰된 V는 순박한 사람이었다. 말수가 적고 어눌했으나 누나 이야기를 할 때에는 누나를 진심으로 아끼는 마음이 또렷이 느껴질 정도로 표현을 잘하고 일반적인 의사소통에는 문제가 없었다. V의 누나도 동생을 곁에서 늘 챙겼고, 둘은 우애 좋은 남매였다. 그런 누나가 결혼을 했는데, 알고 보니 매형이란 사람은 맨날 술을 먹고 아내를 때리는 폭력적인 작자였다.

처음 몇 년간 누나는 아이가 생기면 나아지겠거니 하며 참고 살았다. 그러나 아이가 태어나 자라는 동안에도 매형의 폭력성은 그대로였다. 그런 누나를 보면서 V는 너무 속상했고 고민

: 가정 폭력의 가장 슬픈 결과

이 많았다. 그러다 매형이 술을 먹고 집에 들어오지 않는 일이 잦아지면서 누나가 아이와 친정에 들어와 함께 살게 됐다.

매형의 술버릇은 고쳐질 기미가 없었다. 술 마시고 들어와 칼로 가족들을 위협하기 일쑤였고, 누나를 보호하려다가 V 또한 매형이 휘두른 칼에 맞기도 했다. 매형은 말이 어눌하다며 V에게 욕을 하고 구박하는가 하면, 대낮에 동네 한복판에서 누나를 때리기도 했다. 또 누나가 싫다는데도 억지로 성관계를 강요했다.

가정 폭력은 점점 더 심해졌다. 결국 남매는 견디다 못해 남편이자 매형을 살해하기로 결심한다. 남매의 어머니도 이 사실을 알았지만 결국 말리지 못했다. V는 누나와 함께 매형에게 수면제를 먹여 재운 후에 살해했다.

V는 면담실에서 매형을 죽인 행동을 후회한다고 이야기했다. 돌이켜 생각하니 조카들에게도 너무 미안하고 매형의 가족들에게도 정말 죄송스럽다며 눈물을 보였다. 누나도 공범으로 함께 구속된 상태였는데 자기만 아니었다면 동생이 살인까지 저지르지는 않았을 거라는 이야기가 피의자 신문조서에 적혀 있었다.

V와 누나는 오랜 시간 동안 가정 폭력에 시달려 온 피해자

나의 무섭고 애처로운 환자들

였다. 하지만 주변에서 아무도 그들을 도와주지 못했고, 그들도 폭력에서 헤어날 방법을 알지 못했다. 결국 가정 폭력 피해자였던 V와 누나는 비극적이게도 살인을 저질러 가해자가 되어버렸다. 가정 폭력은 이렇듯 폭력을 더 이상 참지 못한 피해자들을 또 다른 폭력 행위의 가해자로 내몰기도 한다.

: 가정 폭력의 가장 슬픈 결과

한 사람의 인생을 구하는 일

2018년 가을, 우리나라를 떠들썩하게 만든 사건이 일어났다. 서울 강서구의 한 PC방에서 일어난 일명 'PC방 살인사건'이다. PC방 종업원이 자신에게 불친절하게 말하면서 게임비를 환불해주지 않은 것에 격분한 한 청년이 집에서 등산용 나이프를 들고 돌아와 퇴근하던 종업원을 70군데나 찔러서 사망하게 한 사건이다.

이 사건이 발생한 후 언론에서는 사건의 잔인함과 범인의 예측할 수 없는 충동성을 대서특필했다. 한 응급의학과 의사가 피해자의 상처를 직접 치료했다며 SNS에 올린 글은 이 사건이 얼마나 끔찍한지를 극명하고 생생하게 알렸다. 들끓는 여론에

나의 무섭고 애처로운 환자들

힘입어 사건의 피의자 김성수를 엄벌해달라며 올라온 청와대 청원은 백만 명 넘는 동의를 얻었다. 김성수는 당시 우울증으로 정신과 치료 중이었는데 보호자가 이에 관한 진단서를 경찰에 제출하면서 논란이 더 거세졌다. 또 심신미약 핑계냐, 벌 안 받으려고 일부러 아픈 척하는 거 아니냐 등 엄청난 양의 언론 기사와 댓글이 쏟아졌다.

그 모든 소용돌이 속에서 우리 병원이 김성수의 정신감정을 맡게 되었다. 쏟아지는 관심에 병원 사람들 모두 굉장히 힘들었는데, 나도 마찬가지였다. 법무부에서는 혹시라도 사고가 생길까 봐 감정 기간 중에 생기는 모든 일을 보고하기를 원했고, 언론에서도 계속 이것저것 물어보고 하나라도 더 알아내려고 혈안이 되어 있었다. 국회의원들까지도 정신감정에 대한 갖가지 자료를 병원에 끊임없이 요청했다. 이러한 혼란 속에서 김성수가 병원에 도착했다.

내가 김성수의 정신감정을 담당하기로 했고, 긴장감과 부담감이 상당했다. 왜 아니겠는가. 여느 때처럼 정신감정을 제대로 하기 위해서 심사숙고할 테지만 혹시라도 내가 내린 감정 결과가 언론과 국민 여론에 반하는 것이라면? 그렇다면 그 엄청난

: 가정 폭력의 가장 슬픈 결과

비난을 어떻게 감당할지 생각만 해도 아찔했다. 그렇게 복잡한 마음을 안고 김성수를 만나러 갔다.

면담실에 앉아 있는 그는 길에서 흔히 볼 수 있는 30대 초반의 청년이었다. 사건이 일어난 지 얼마 되지 않은데다 며칠간 이어진 경찰 조사로 지쳐보였다는 정도가 특이점이랄까.

면담 전 피의자 신문조서와 여러 언론보도를 읽었을 때만 해도 그동안 봤던 수많은 반사회성 인격 성향 피의자들을 떠올렸고, 이번엔 또 어떤 변명을 늘어놓으려나 하는 생각이 컸다. 그런데 김성수는 그들과는 달랐다. 우선 변명이 전혀 없었으며 자신이 한 일을 있는 그대로 인정했다. 그리고 무엇보다 이야기에 일관성이 있었다. '이야기의 일관성'은 반사회성 인격이냐, 아니냐를 판별하는 중요한 기준이다. 반사회성 인격 성향의 범죄자는 자신에게 유리한 방향으로 계속 말을 바꾼다. 거짓말도 정말 뻔뻔하고 아무렇지 않게 한다. 그에 반해 김성수의 태도는 상당히 솔직했다.

몇 차례 그와 면담을 하면서 어린 시절부터 지금까지 살아온 이야기를 듣게 되었다. 김성수의 아버지는 김성수가 어렸을 때부터 이유 없이 가족들을 때렸다. 기분에 따라 아무 때나 어머니와 김성수 형제를 때렸고 어머니는 아이들을 지키기 위해 굉장히 애썼다. 초등학교에 가서는 계속 왕따를 당했고 아이들이 괴롭혀도 그저 당하기만 했다. 중학교 때는 컴퓨터 게임에만 몰두했는데 아버지가 낮에 집에 함께 있는 날에는 하루 종일 맞았다. 하도 맞아서 항상 주눅이 들어 있었는데 학교에서도 그 모습은 이어졌다. 친구들과 잘 어울리지 못하고 소풍 가면 화장실에서 혼자 시간을 때우다 집에 돌아왔다.

고등학교 3학년 때 아버지가 여느 때처럼 어머니와 동생을 때렸는데, 그날은 정도가 너무 심했다. 참고 참다가 결국 이렇게는 못살겠다고 느낀 김성수의 머릿속엔 아버지를 죽여야겠다는 생각이 떠올랐다. 김성수는 칼을 들고 아버지에게 덤볐고 고등학생 아들을 상대하기에 버거워진 아버지는 그 길로 집을 나가 다시는 돌아오지 않았다.

그동안 너무나 거대해보였던 아버지였는데, 그런 아버지에게 덤벼 결국 승리한 것이다. 그 뒤부터 누군가가 자신을 괴롭히면 참지 말고 덤벼야겠다는 생각을 하게 되었다고 그는 이야기했다. 이 일은 김성수의 행동 패턴을 바꾼 중대한 사건인 듯했다.

아버지가 가족을 마구잡이로 때렸다는 이야기를 들으면

: 가정 폭력의 가장 슬픈 결과

서 나는 혹시 술을 먹고 그런 것이냐고 물었다. 그러자 김성수는 덤덤한 표정으로 말했다. 차라리 아버지가 술을 먹고 들어오면 훨씬 좋았다고. 술을 먹으면 오히려 때리지 않고 그냥 취해서 잠들었다고. 그 이야기를 듣고 기가 막혔다. 술을 먹고 취기에 충동적으로 가족을 때리는 것도 해서는 안 될 짓인 건 분명하다. 그러나 술에 취하지도 않은 맨 정신에 마구잡이로 때렸다니, 가족에게는 폭력이 일상이었을 것이다. 매일매일 포화가 떨어지는 전쟁터에서 살아가는 기분이지 않았을까. 그 이야기를 들은 순간만큼은 감정 의사로서의 중립성을 잊어버렸다. 내 앞에 앉아서 이야기하는 살인범 김성수가 그저 안쓰러워 보였다.

김성수는 성인이 되면서 낮은 자존감, 생활 전반에 깔려 있는 우울한 기분, 자신을 무시하는 사람을 대하면 참지 못하고 터져나오는 분노 때문에 정신과에서 약물치료를 받고 헬스클럽에서 일하면서 배운 운동으로 스스로 극복하려 노력했다. 그러나 PC방에서 자신을 무시하는 듯한 한마디에 눌려 있던 모든 감정이 폭발했고, 결국 그는 끔찍한 사건을 저지르고 말았다.

프로이트는 인간, 특히 남성에게 오이디푸스 콤플렉스가 있다고 했다. 이것은 그리스 신화에 등장하는 영웅 오이디푸스 이

나의 무섭고 애처로운 환자들

야기에서 비롯된 개념인데, 인간에게는 어릴 때 어머니를 독차지하려는 마음, 즉 아버지를 경쟁 상대로 보고 콤플렉스를 느끼며 증오하는 심리가 있다는 이론이다. 이때 제대로 된 아버지상을 만나면 증오가 선망으로 바뀌고 아버지와 자신을 동일시하면서 성숙한 남성으로 성장한다. 하지만 이 과정에서 좋은 아버지상을 만나지 못하면 이 단계를 넘어서지 못하고 성장에 어려움을 겪는다. 해소하지 못한 충동성과 불편감을 안고 살아가게 되는 것이다.

김성수는 오이디푸스 콤플렉스를 제대로 해소하지 못했을 것이다. 아버지가 모든 걸 다 받아주고 자애롭기만 해야 한다는 뜻은 아니다. 엄할 때는 엄하고 다정할 때는 다정한 모습을 일관되게 보여야 한다. 그러나 이유 없이 때리는 아버지의 폭력에 노출된 어린 아들은 자신이 무언가를 잘못해서 아버지가 자기를 그렇게 대한다고 생각하게 된다. 그리고 세상에 대한 자신감이 점점 사라진다. 이 과정에서 적절하게 해소되었어야 할 공격성이 그대로 유지된다. 그래서 주눅 들어 있다가도 어느 순간 자신이 무시당한다고 생각하면 걷잡을 수 없는 공격성이 폭발적으로 분출된다. 김성수의 이런 면은 군대 훈련소에서도 나타

: 가정 폭력의 가장 슬픈 결과

났다. 권위적인 대상에 대한 분노를 참지 못하고 여러 차례 문제를 일으켜 4주 훈련을 다 마치지 못하고 중도에 그만두었다.

내가 감정을 마칠 때까지도 김성수를 향한 언론의 관심은 계속됐다. 그는 마치 세상에서 제일 위험한 악마처럼 묘사되고 보도됐다. 물론 김성수가 저지른 범죄는 결코 일어나서는 안 되는, 용납할 수 없는 일이다. 그러나 김성수를 면담하고 난 뒤부터는 나 혼자만이라도 무턱대고 그를 비난하지 말아야겠다는 생각이 들었다.

김성수는 자신이 충동적으로 사람을 죽였다는 것에 대해 죄책감을 굉장히 많이 표현하고 힘들어했다. 병동에서도 처음에는 식사도 하지 않고 대체 자신이 어떻게 하면 좋을지 모르겠다면서 혼란스러워했다. 그때 내가 해준 말은 한 가지였다. 당신이 한 일을 충분히 반성하는 과정, 그 속죄하는 과정을 감내해야 한다고.

한 달 동안 김성수를 만나면서 내 마음도 참 힘들었다. 그는 너무 큰 잘못을 저질렀다. 그 일에 대해 비난받는 것 또한 당연하다. 그러나 정신과 의사인 나는 그를 맹목적으로 비난할 수만은 없었다. 그는 나름의 정신적인 지지가 필요한 사람이었다. 그

나의 무섭고 애처로운 환자들

가 앞으로 재판을 받고 저지른 일을 반성하고 속죄하는 힘든 과정을 잘 견디기를 바랐다.

김성수의 정신감정 결과는 형사책임능력이 있는 '심신건재'였다. 그는 자신의 상태를 누구보다 잘 알고 있었고 자신의 범죄에 대해서도 이유를 분명하게 설명했다. 충동적인 면이 있었지만 사물을 변별하고 의사를 결정하는 능력에는 전혀 문제가 없는 상태였다. 그렇게 정신감정은 끝났고, 병원에 한바탕 불었던 난리법석도 수습됐다. 그리고 김성수는 재판에서 징역 30년을 선고받았다.

김성수를 보면서 이 사건은 가정 폭력의 가장 슬픈 결과가 아닐까 싶었다. 김성수를 감정한 이후부터 가정 폭력으로 고통받는 아이들을 볼 때면 더 걱정이 되고 내가 무어라도 도움을 주고 싶은 마음이 커졌다.

지금 이 순간에도 가정 폭력의 피해자는 고통받고 있을 것이다. 안타까운 것은 이들이 나중에 어쩌면 다른 폭력의 가해자가 될 수 있고, 또 가해자가 되면 그저 비난받을 수밖에 없다는 사실이다. 가정 폭력은 단순히 가정 안에서 일어나는 일로 치부하기에는 너무나 큰 문제다. 주변의 누군가가 가정에서 고통받

: 가정 폭력의 가장 슬픈 결과

고 있는지 작게나마 관심을 가지는 것이 한 사람의 인생을 구하

는 일이 될 수 있다고 나는 믿는다.

나의 무섭고 애처로운 환자들

6

성범죄와 성충동 약물치료

화학적 거세에 관한 오해와 진실

    화학적 거세라는 말을 들어본 적이 있는가? 듣기만 해도 무시무시한 느낌을 주는 이 단어를 나는 정신과 전문의 시험문제에서 처음 접했다. 당시 한창 성충동 약물치료를 위한 법률이 만들어지는 시점이었는데, 시험문제는 "화학적 거세에서 쓰이는 약물의 이름은?"이었다. 약물 이름이 어찌나 다 비슷비슷하던지. 한참을 고민했지만 기억이 가물가물했고 결국 틀렸다. 틀린 문제가 아쉬워서 그랬는지 그 이후로 쭉 화학적 거세에 대해 관심을 가졌다.

    우리 사회에 이런 무시무시한 단어가 등장하게 된 이유는 자꾸 생기는 성폭력 범죄 때문이었다. 성범죄는 점점 증가하고

                                 : 성범죄와 성충동 약물치료

있으며 그중에서도 13세 미만 미성년자를 대상으로 한 강간과 강제추행이 지속적으로 늘고 있다. 이 때문에 우리나라에서는 2000년에는 성폭력범의 이름과 신상을 공개하는 신상공개제도가 생겼고 2007년에는 범죄자에게 전자장치를 부착하는 전자감시제도가 생겼다.

미국은 우리보다 먼저 강력한 수단을 도입했다. 1994년에 미국 뉴저지주에 살던 7세 여자아이가 이웃집 남자에게 성폭행 후 살해당했고, 그 이후 성폭력 범죄자의 신상을 공개하는 법이 제정됐다. 하지만 신상 공개 이후에도 제대로 성범죄가 통제되지 않자 2002년부터는 전자발찌를 착용해 감시하는 제도를 도입했다. 그러나 경악할 만한 아동성범죄 사건이 계속 발생했고 결국 '화학적 거세'라는 강력한 수단을 도입하기에 이른다.

우리나라에서도 2006년 용산의 신발가게 주인이 여아를 성폭행하고 살인한 사건과 2008년 조두순 사건이 발생하면서 강력한 제도를 만들자는 목소리가 커졌고, 결국 2011년 가장 강력한 재범 방지 제도인 화학적 거세가 도입됐다. 하지만 '거세'라는 표현이 무시무시한데다 수치심과 거부감을 줄 수 있어 '성충동 약물치료'라는 말로 순화되어 법이 만들어졌다. 그리고 2012년

나의 무섭고 애처로운 환자들

5월, 처음으로 성충동 약물치료가 시행됐다.

말로는 간단히 시작된 것 같지만 법을 제정할 때 논란이 많았다. 강력한 규제를 만들 때는 인권에 관한 논의에서 자유로울 수 없다. 인권단체에서는 도입 때부터 범죄자의 인권을 과도하게 침해하는 법이라고 주장했다. 화학적 거세라는 단어가 주는 느낌만큼이나 이 제도가 위압적이기 때문에 '부작용은 없느냐, 효과는 대체 어느 정도냐'로 반대 의견이 거셌다. 법률 자체가 위헌인가, 아닌가에 대한 논란도 있었으나, 2015년 헌법재판소에서 범죄를 예방하기 위함이므로 대상자의 동의가 없어도 헌법에 위배되지 않는다고 판결하여 법적 논란은 일단락됐다. 하지만 여전히 국가가 개인의 신체를 법의 이름으로 침해하는 악법이라는 일부 견해도 있다.

국립법무병원에서는 일찍이 화학적 거세를 시행했다. 앞에서도 이야기했지만 화학적 거세는 성범죄자 특히 아동을 성폭행한 사람, 매우 가학적이거나 변태적인 성범죄를 반복적으로 저지른 사람을 대상으로 하도록 규정되어 있다.

화학적 거세는 의학적으로 세 가지로 분류할 수 있다. 첫 번째는 남성호르몬 자체를 제거하는 방법이고, 두 번째는 여성호

: 성범죄와 성충동 약물치료

르몬을 투약해 남성호르몬 분비를 억제하는 방법이다. 세 번째는 남성호르몬의 분비를 차단하는 방법이다. 우리나라에서는 첫 번째 방법은 거의 사용하지 않으며, 주로 세 번째 방법을 사용한다. 실제로 현재 우리나라에서 시행하는 화학적 거세, 즉 성충동 약물치료는 남성호르몬 중에서 테스토스테론의 분비를 차단하거나 억제해 성범죄를 예방하는 의학적 치료를 의미한다. 사실 테스토스테론을 감소시키는 치료는 화학적 거세에서만 사용하는 것은 아니다. 전립선암이나 고환암을 치료할 때도 남성호르몬이 계속 분비되면 암의 성장을 촉진하기 때문에 이 주사제를 사용한다. 여성의 경우에는 자궁내막증이 있을 경우 일시적으로 폐경 상태를 만들어야 하므로 이 주사제를 쓴다. 그리고 이때 쓰는 약물은 투입을 중단하면 다시 예전처럼 성호르몬이 분비되기 때문에 가역적이다. 즉 언제든 약물 주사를 중단하면 남성호르몬이 분비되고 성욕이 다시 생기며 생식력에도 문제가 없다.

성충동 약물치료를 할 때 단순히 성호르몬을 저하시키는 약물만 투여하는 것은 아니고, 한 달에 한 번 꼭 심리치료도 실시한다. 이때 왜곡된 성 인식도 바로잡고, 다른 정신과적 문제도

다룬다.

이렇게 성충동 약물치료를 하는 데는 여러 사람의 노력과 비용이 든다. 1년을 기준으로 약물치료 비용에 180만 원, 호르몬 수치 및 부작용 검사에 50만 원, 심리치료 비용에 270만 원 등 연간 500만 원이 소요된다. 하지만 성충동 약물치료가 성범죄자를 교도소에 두는 것보다 훨씬 경제적이라는 의견이 있다. 성범죄자가 오랜 시간 교도소에 있다가 사회로 복귀하더라도 재범을 일으킬 확률이 높은데 반해 성충동 약물치료를 받은 사람이 성범죄를 다시 일으킨 예는 아직은 없다.

: 성범죄와 성충동 약물치료

변태성욕장애란 무엇인가

정신과에는 진단에 이용하는 세계 공용의 책이 있다. 제목은《정신질환의 진단 및 통계편람 제 5판(Diagnostic and Statistical Manual of Mental disorders Fifth edition, 이하 DSM-5)》으로 모든 정신질환을 분류한 책이다. 이 책은 정신질환을 크게 22개로 분류한다. 그중 조현병이나 조울증, 우울증 같은 질환은 전공의 수련 과정에서부터 환자를 많이 보고 증상을 익힌다. 하지만 정신과 의사로 살면서도 평생 한두 번 볼까 말까 한 질환도 몇 가지 있다. 대표적인 것이 변태성욕장애다. 벌써 병명부터가 엄청난 거부감을 불러일으키지 않는가? 나도 국립법무병원에 오기 전까지는 이런 환자를 교과서에서만 봤지 실제로 대면

한 적은 없었다. 아마 대부분의 정신과 의사가 그럴 것이다. 사실 변태적인 성행위를 왜 굳이 정신질환으로 봐주어야 하나 싶은 생각도 들었다. 그러나 정신과 영역에서 성에 관한 질환은 매우 중요하다.

정신과 면담 항목 중에는 '성 병력 청취'라는 것이 따로 있다. 어릴 때 했던 성 경험과 성에 관한 생각, 성인이 된 이후의 성생활을 자세히 묻는 것인데, 성적인 문제를 말하는 것에 익숙지 않은 우리나라 문화에서는 환자가 증상을 호소하지 않으면 굳이 먼저 물어보지는 않는다. 하지만 성범죄 때문에 정신감정을 하러 온 사람에게는 반드시 물어야 한다.

처음에는 성범죄로 정신감정이 의뢰된 사람에게 '이런 것까지 물어야 하나' 싶을 정도로 노골적인 질문을 던지는 것이 익숙지는 않았다. 무섭고 불쾌하기까지 했다. 하지만 성적인 상태를 진단하기 위해서 꼭 필요한 부분이라고 마음을 다잡고, 몇 번 하다 보니 익숙해져서 지금은 아무렇지 않다. 면담할 때 던지는 질문은 주로 '첫 성 경험은 언제인지', '성관계 파트너는 몇 명이나 됐는지', '어떠한 성관계가 가장 만족스러운지', '자신만의 성적인 환상이 있는지', '혹시 선호하는 종류의 성적인 동영

　　　　　　　　: 성범죄와 성충동 약물치료

상이 있는지'와 같은 것들이다. 성범죄를 저지른 사람이 변태성
욕장애인지 판별하기 위해서는 이 사람이 정상적인 성관계를
유지해왔는지가 중요하기 때문이다.

변태성욕은 말 그대로 정상적인 성행위에서 벗어난 성욕이
나 행동이다. 정상적인 성행위는 상식적으로 알 수 있듯이 성인
끼리, 서로 동의한 상황에서 이루어진다. 이것에서 벗어난다는
의미는, 성인이 아니라 어린이를 대상으로 한다거나 특정한 사
물에 대해서 또는 부적절한 상황에서 성욕을 느끼는 것을 말한
다. 그래서 변태성욕장애란 이와 같은 일탈된 성적인 환상이나
충동이 '실제 행동으로 나타난 것'을 말하고 이 지점이 진단의
핵심이다. 정상적인 성행위의 범위에 있는 경우에도 간혹 특이
한 성적인 환상을 품고 그대로 행하기도 하지만, 변태성욕의 경
우 변태적인 행동과 대상에 '만' 성적인 즐거움을 느끼며, 공격
적이고, 다른 사람을 노예화하는 것이 특징이다. 그러면서 타인
에게 피해를 주고 사회적인 관계 또한 망친다.

변태성욕장애는 세부적으로 일곱 가지로 분류된다. 첫 번
째는 노출증이다. 여고 근처에 심심치 않게 출몰하는 바바리맨
이 대표적이다. 노출장애 환자는 자신의 성기를 노출하는 과정

나의 무섭고 애처로운 환자들

에서 여성들이 경악하고 놀라고 혐오스러워하면 성적인 흥분과 만족감을 느낀다.

실제 노출증으로 정신감정을 의뢰받는 경우가 종종 있다. 내가 본 사람은 20대 남성이었는데 성실하게 직장생활하던 평범한 사람이었다. 그런데 어머니가 돌아가시고 스트레스를 많이 받았다. 퇴근길에 산책을 하면서 조금씩 스트레스를 풀었는데 어느 날은 모르는 여성이 지나가기에 충동적으로 성기를 노출했다. 그러고 나니 만족감을 느꼈고, 그 후부터 다섯 차례 정도 이곳저곳에서 성기를 노출하다가 결국 경찰에 신고가 된 것이다.

두 번째는 마찰도착장애다. 성적인 극치감을 얻기 위해서 남성이 자신의 성기를 여성 신체의 일부에 문지르는 행동을 말한다. 성기를 문지르기도 하지만 손으로 여성을 더듬기도 한다. 버스나 지하철같이 사람이 많은 곳에서 여성을 만지는 남성이 대표적 마찰도착장애다. 내가 정신감정을 했던 40대 남성도 버스에서 여성의 허벅지만 보면 충동을 못 참고 만지는 행동이 반복되던 사람이었는데 벌써 같은 범죄로 일곱 번이나 구속되었다.

세 번째는 성적피학장애와 가학장애다. 성적피학증은 모욕

: 성범죄와 성충동 약물치료

당하고 구타당하고 묶이고 고통받는 데에서 성적인 만족감을 느끼는 것이다. 이런 경우는 신체적으로 당하는 쪽이기 때문에 형사고소가 되지는 않아서 아직 정신감정이 의뢰된 경우는 없었다. 대신 성적가학증은 다른 사람을 괴롭히는 행동이므로 법적인 문제와 연관되어 정신감정을 하러 오는 경우가 종종 있다. 성적가학증은 다른 사람을 괴롭히면서 성적 흥분을 얻는 경우인데, 대부분 강간 같은 중범죄와 연관되어 있으며 일부 가학적 강간범은 성행위 후에 살해하는 경우가 있다는 연구 결과도 있다. 화성 연쇄살인사건의 진범으로 알려진 이춘재를 정신감정한다면 여러 가지 진단명이 가능하겠지만 아마 성적가학증도 붙일 수 있을 것이다. 자기만족을 위해 다른 사람을 성적으로 착취하고 괴롭힌 뒤에 살해하는 행동은 성적가학증을 지닌 반사회성 성격장애 환자에게서 나타날 수 있다. 어금니 아빠로 알려진 이영학의 범죄 내용도 이 범주에 들어갈 것으로 보인다.

네 번째는 소아성애장애다. 소아성애장애는 6개월 이상 13세 이하의 소아에게 지속적이고 강렬한 성적인 욕구나 흥분을 느끼는 것이다. 최근 아동 성범죄가 늘면서 의뢰되는 정신감정의 수도 많아졌다. 개인적으로 미성년자를 대상으로 한 성범죄자

나의 무섭고 애처로운 환자들

의 정신감정이 의뢰됐다는 소식을 들으면, 피감정인을 보기 전에 우선 분노부터 끓어오른다.

물론 소아성범죄자가 모두 소아성애장애를 가지고 있는 것은 아니다. '소아'가 어리고 취약하기 때문에 만만해서 성범죄의 대상으로 삼는 것은 소아성애자라고 보기 어렵다. 예를 들면 조두순 같은 사람은 굳이 소아성애장애로 진단하지 않는다. 그냥 술에 취한 상태에서 자신의 성욕을 풀려고 제압하기 쉬운 어린 여자아이를 택한 경우이기 때문이다. 하지만 가끔 정말 소아성애장애로 진단하는 경우가 있다. 이런 사람은 흔히 어린이나 청소년을 대상으로 하는 직업을 가지기도 한다. 내가 만났던 한 피감정인은 처음에는 그냥 아이들이 좋고 보듬어주고 싶고 안아주고 싶었다고 했다. 그러다가 아이가 나오는 성적인 동영상을 찾아보았는데 성적인 쾌감을 느꼈다고 했다. 성인 여성과도 성관계를 해보았고 큰 문제는 없었지만 그래도 10대 여자아이 쪽이 더 관심이 간다고 이야기했다.

소아성애장애의 가장 비극적인 특징은 피해자가 근친인 경우가 있다는 것이다. 진단 기준에 따로 근친상간에 국한된 경우를 분류해서 명시하기도 한다. 이런 사람을 만나면 다시 한 번

: 성범죄와 성충동 약물치료

분노케 된다. 아니 짐승도 아니고, 어떻게 자신의 딸이나 손녀를 대상으로 그런 극악무도한 짓을 벌일 수 있는 것인가. 특이할 만한 점은 피해자가 여자아이인 경우를 많이 보도하지만, 연구 결과에 의하면 피해자의 60퍼센트가 소년이다. 소년이든, 소녀든 피해자 입장에서 몇 번을 생각해도 정말 끔찍한 범죄인 것은 분명하다.

다섯 번째는 물품음란장애다. 가끔 성인 만화에 여성의 속옷이나 특정 물건을 훔치고 그것을 만지거나 냄새를 맡으면서 성적 쾌감을 느끼는 사람이 등장한다. 어떤 사람은 여성의 발에 집착하기도 하고 신발이나 장갑, 스타킹 같은 물건에서 성적 자극을 얻는다. 실제로 물품음란증 환자는 찜질방에서 자고 있는 여성의 발에 자극받아 갑자기 자위행위를 하기도 하고 동네 헬스장에 널브러져 있는 운동화를 보고 성적 충동을 느껴 훔치기도 한다. 자신의 성적 환상을 그저 품고만 있다면 범죄로 연결되지 않겠지만 모르는 여성의 발을 만지거나 다른 사람의 운동화를 훔치는 것은 범죄다. 그래서 정신감정이 의뢰된다.

여섯 번째는 의상도착장애다. 의상도착장애가 있는 남성의 경우 여성의 옷을 입고 성적인 흥분을 느끼고 성행위 중에도 이

나의 무섭고 애처로운 환자들

것을 이용한다. 남성이 여성의 복장을 하는 경우가 흔하고, 반대의 경우는 매우 드물다. 가끔 여성의 속옷을 착용하려고 훔친 사람이 절도죄로 잡혀 정신감정이 의뢰되곤 한다.

일곱 번째는 관음장애다. 관음증 하면 생각나는 영화가 있다. 알프레드 히치콕 감독의 〈이창〉이다. 영화는 다리를 다친 사진작가가 자신의 집 창문으로 맞은편 건물의 이웃들을 훔쳐보다가 살인사건을 목격했다고 생각해 마구 상상의 나래를 펼치는 이야기다. 관음증 환자의 증상은 이 영화의 주인공처럼 다른 사람을 몰래 훔쳐보는 것인데 특히 옷을 벗고 있거나 성행위 중인 사람들을 훔쳐보면서 성적 환상에 빠진다. 몰래 훔쳐보는 것 자체도 범죄지만, 그렇게 몇 번을 지켜보다가 그 집에 들어가 강간을 저지르기도 한다.

: 성범죄와 성충동 약물치료

재범율 0퍼센트, 나는 희망을 보았다

우리나라에서 성충동 약물치료를 하는 병원은 전국에 총 15개가 있는데, 국립법무병원에서 가장 많은 수의 성충동 약물치료를 시행하고 있다. 성범죄자들이 병원에 있는 동안에는 엄격한 관리가 이루어지기 때문에 성범죄가 일어날 수 없다. 하지만 오랜 기간 입원한다고 해서 이들의 성충동이 없어지는 것은 아니다. 그래서 퇴원할 시점에는 앞으로의 재범 위험성을 고려해, 거의 대부분 성충동 약물치료를 권유한다. 또한 성충동 약물치료를 한다고 해야 퇴원이 잘 되는 것을 알기 때문에 대부분의 사람들이 동의한다.

그래도 가끔 뻔뻔하게 거부하는 사람이 있다. 자신이 저지

나의 무섭고 애처로운 환자들

른 범죄와 피해자는 생각도 하지 않고 무조건 거부하는데 이유들이 가관이다. 그중에서 정말 어이없는 일이 한번 있었다. 자기는 퇴원하면 둘째를 가지고 싶은데 성충동 약물치료를 받으면 3년은 둘째를 가질 수 없으니 싫다는 것이었다. 퇴원 심사 자리에서 아무렇지도 않게 그 이야기를 하는 환자를 보면서 참석자들 모두 할 말을 잃었다. 피해자는 엄청난 고통을 겪었는데 지금 자신의 가족계획이 중요하냐고 누군가가 날카롭게 지적하자 그제야 피해자에게 미안하고 어쩌고 하며 입에 발린 말을 하는데 정말 인간의 탈을 쓴 짐승인가 하는 생각이 들었다.

하지만 대부분은 성충동 약물치료에 흔쾌히 동의한다. 물론 실질적으로 퇴원을 위한 도구로 생각해서 그렇기도 하지만 스스로를 제어하기 위한 좋은 기회로 여기기도 한다.

법무부에서 아주 유명한 성충동 약물치료 대상자가 한 명 있다. 바로 국립법무병원에서 5년간 치료받고 퇴원한 W다. W의 이야기는 국내 유명 일간지에 화학적 거세 치료 기간이 끝났음에도 자진 연장 신청을 한 첫 번째 사례로 실리기도 했다. W는 마찰도착증 환자다. 어릴 때 부모가 이혼하고 가정을 떠나버려 여덟 살 때부터 할머니와 살았다. 어머니에 대한 기억은 울고

소리 지르고 힘들어한 것뿐이었고 다정함은 전혀 느끼지 못했다. 유일하게 남은 어머니에 대한 좋은 기억이라고는 다리를 붙들고 잠들었을 때였다. 그 다리가 너무 포근하고 좋았다. 그러다가 스무 살 때 아버지가, 5년 뒤에는 할머니가 차례로 돌아가셨다. 그때부터 W는 혼자였다. 중국집에서 배달도 하고 주방 일도 배우며 근근이 살았는데 너무 외로웠다. 그래서 찾은 곳이 성매매업소였다. 성매매 여성과 성관계를 하면서는 그다지 쾌감을 느끼지 못했는데 다리에 자신의 성기를 밀착시키는 느낌이 너무 좋아서 그것만 요구했다. 몇 번을 그렇게 찾아갔다. 그러던 어느 날 찜질방에 갔는데 여성의 발가락을 보고 충동적으로 자신도 모르게 성기를 꺼내 발가락에 비볐고, 이것이 성범죄의 시작이었다. 이런 행동 때문에 성추행으로 교도소에도 여러 차례 갔는데 출소 후에 자신의 이런 성욕이 정상은 아니라는 생각이 들어 정신과도 찾았다. 그러나 약을 먹어도 욕구가 사라지지 않았다. 그러다가 또다시 찜질방에 가서 여성의 발에 성기를 밀착해 성추행으로 고소당했다. 범죄가 여러 차례 반복되자 정신감정을 받았고 마찰도착장애로 진단되어 결국 국립법무병원에 오게 되었다.

나의 무섭고 애처로운 환자들

W는 병원에서 5년 정도 입원치료를 받았다. 인지행동치료도 받고 충동을 줄여주는 정신과 약물치료도 했다. 하지만 W는 문제 환자였다. 다른 환자들과 자주 다퉜고 병동에서도 조금만 자신의 요구를 들어주지 않으면 바로 민원을 내고 청원서를 쓰는 사람이었다. 그래도 꾸준히 약물치료를 하자 충동성이 조금씩 조절됐고 마침내 퇴원을 논의하게 되었는데 피검사 결과 남성호르몬 수치가 너무 높아 성충동 약물치료 명령을 받았다.

처음에는 성충동 약물치료를 받게 된 것에 불만이 많았다. 왜 이걸 해야 하느냐, 자기를 못 믿느냐 한참을 투덜거렸지만 퇴원해야 하기 때문에 어쩔 수 없이 받아들였다. 그런 W가 1년이 지나고, 2년이 지난 시점부터 조금씩 바뀌었다. 우선 담당 보호관찰관을 믿고 따르기 시작했다. W는 평생 사랑을 받기보다는 갈구하며 살아온 사람이다. 그랬던 W에게 꾸준히 그를 돌봐주는 사람이 생긴 것이다. 처음에 그냥 감시자로만 여겼던 보호관찰관이 임대 아파트도 알아봐주고 취업박람회도 데리고 가주는 좋은 형이 되었다. 운전면허도 따게 해주고 어릴 때부터 만성적으로 앓았던 중이염 수술도 도와줬다. 한 번도 해본 적 없었던 일들도 하게 되었다. 영화도 함께 보고, 제주도 여행을 가

　　　　　　　: 성범죄와 성충동 약물치료

서 한라산도 올랐다. 외래로 우리 병원에 오면서 나에게 처음에
보였던 경계심도 점점 누그러지는 듯했다. 내가 잘 지냈냐고 물
으면 한 달 동안 무슨 일을 하면서 지냈는지 조곤조곤 이야기해
줬다.

성충동 약물치료를 하는 사람은 주기적으로 거짓말탐지검
사를 한다. 말로는 성적인 생각도 안 들고 야한 동영상도 안 본
다고는 하지만 사실인지 확인하기 위해서다. W도 6개월에 한
번씩 거짓말탐지검사를 했는데 성적인 충동을 느끼지 않는다고
했고 검사 결과 진실로 나왔다. 여성의 발을 보아도 이제는 아
무런 생각이 들지 않는다고 했다. 이제 여성에 대해서 무슨 생
각이 드느냐고 묻자 마음에 드는 여자 친구가 생기면 같이 꽃구
경도 가고 싶고 영화도 보고 싶다는 얘기를 했다. 새삼 W의 변
화가 느껴졌다. 여성을 성적인 대상이 아니라 나와 동등한 인간,
감정을 교류하는 인격체로 생각하게 된 것이다.

W의 성충동 약물치료 기간 3년이 끝나갈 무렵에 담당 의사
인 나와 보호관찰관은 새로운 고민에 빠졌다. 이제 성충동 약물
치료를 더 이상 받지 않아도 되지만 W가 적극적으로 이 치료를
지속하고 싶다는 의사를 밝혔기 때문이다. W는 성적인 생각에

나의 무섭고 애처로운 환자들

사로잡히지 않고 사는 이 삶이 너무 행복하다고 했다. 하지만 성충동 약물치료에 쓰이는 주사약은 자궁내막증이나 전립선암, 성조숙증 치료에 쓸 때에만 나라에서 보조를 해준다. 성충동 약물치료 명령을 받은 기간이 끝난 후에 W처럼 자발적으로 성충동을 조절하는 목적으로 주사를 맞으려면 한 번에 50만 원 정도의 비용이 든다. 아무리 W가 성실하게 일하고 있다 해도 한 달에 50만 원은 너무 큰돈이었다. 하지만 이런 성충동 약물치료의 성공적인 케이스를 무시할 수 없었다. 그리고 W의 의지가 너무 강했다. 그래서 국립법무병원 규정을 살펴봤더니 이곳에서 치료받고 퇴원한 환자에 한해 10년의 무료 외래 치료 기간을 보장해준다는 조항이 있었다. 법무부가 검토한 결과 W는 이 사항에 해당되어 국립법무병원에 와서 무료로 정신과 전문의의 진료와 성충동 약물치료를 받게 되었다. W는 정말 뛸 듯이 기뻐했다. 의무 보호관찰 기간은 끝났지만 담당 보호관찰관도 자기 일처럼 좋아했다. 다들 진심으로 W가 잘 지내기를 바랐던 것이다.

W는 지금도 한 달에 한 번 꼭 우리 병원에 온다. 나는 어떤 외래 환자보다 W가 반갑다. 항상 잘 지냈다고 이야기하지는 않는다. 어떤 날은 별일 없이 지냈다고도 하지만 어떤 날은 옛날

: 성범죄와 성충동 약물치료

에 안 좋았던 기억이 자꾸 떠올라 힘들다고도 한다. 하지만 그럴 때마다 자기를 믿어줬던 보호관찰관이나 병원에서 만나는 선생님을 떠올린다고 했다. 그리고 재범을 저지르지 않고 평범하게 살 수 있는 자기 자신이 신기하다고도 했다.

물론 성충동 약물치료를 한다고 해서 모든 성범죄자가 이런 드라마틱한 변화를 보이는 것은 아니다. 어쩔 수 없어서 맞는 사람도 있고, 맞지 않으려고 도망 다니다가 결국 잡혀서 다시 국립법무병원에 들어오는 사람도 있다. 하지만 W의 이런 변화는 나에게도, 보호관찰소 사람들에게도 중요한 원동력이 되었다. 우리 노력이 모여 한 사람의 인생을 바꿀 수 있음을 직접 확인한 증거였으니, 말할 수 없이 뿌듯했다. 자발적인 성충동 약물치료가 잘 되고 있다는 W의 사례가 소문이 나자 다른 환자도 한번 해보겠다며 계속 맞기를 자청해 진행 중이다.

보호관찰소 통계에 따르면 2011년 7월 24일 성충동 약물치료 시행 이후 전국 보호관찰 대상자 중에서 현재까지 43명이 치료를 받았고 재범자는 한 명도 없다. 그리고 앞서 말했듯이 두 명은 치료 명령 기간 종료 후에도 여전히 자발적으로 치료를 지속하고 있다. 물론 쉽지 않은 제도다. 거부감도 상당하다. 주사를 처음 맞을 때 다들 달가워하지 않는다.

성충동 약물치료는 앞서 말했듯이 가역적인 치료다. 약물 투여를 중단하면 다시 원래 상태로 되돌아간다. 따라서 보통 3년의 보호관찰이 끝나고 치료를 종료하면 대상자들의 남성호르몬은 원래 수준으로 돌아갈 것이므로 성적 충동이 다시 생겨날 가능성이 있다. 그러나 현재까지 성충동 약물치료를 종료한 이들이 재범을 저지른 적은 없다.

성충동 약물치료는 단순히 남성호르몬 수치를 낮추는 것만을 의미하지는 않는다. 이 치료의 장점은 사회적으로 고립될 수밖에 없는 성범죄자들을 사회 안으로 끌어들이고 음지가 아닌 양지에 살도록 하는 것이다. 만약 이들에게 그냥 전자발찌만 채워둔다면 보호관찰관 혼자 관리하느라 애쓰는 것에서 끝났을 것이다. 그러나 이 치료를 받는 환자는 한 달에 한 번 보호관찰관을 만나 주사를 맞으러 병원에 온다. 병원에 오면 피검사도 하고 주사도 맞고 약도 처방받는다. 그러면서 또 여러 병원 직원들과 만나 반갑게 인사도 하고 근황도 묻는다. 물론 의사도 만난다. 별것 아닌 이야기지만 요새 힘든 것은 없는지, 잠은 잘 자는지 등 사는 이야기를 한다. 또 심리치료사도 만난다. 이때는 조금 더 깊은 이야기를 한다. 이런 과정이 모두 성충동 약물치료 대상자에게는 감시하는 눈일 수도 있고, 이들을 사회적 인간으로 살게 하는 힘일 수도 있다. 그런 면에서 이 치료는 단순히 이들을 가두어놓는 것보다 좀 더 근본적인 방안이라고 생각한다. 나는 W를 통해 그 희망을 보았다. 앞으로도 성충동 약물치료는 더 확대될 것이고 W와 같은 사람이 늘어날 것이라고, 최소한 국립법무병원의 의사들은 믿어 의심치 않는다.

나의 무섭고 애처로운 환자들

7

나쁜 인간은 있다

"그 인간 안티 소셜 아니야?"

나는 추리소설을 참 좋아한다. 탐정과 범인이 속고 속이는 구조, 반전에 반전을 거듭하며 결말까지 치닫는 이야기가 재미있다. 범인을 찾는 과정도 흥미진진하다. 무엇보다 엄청나게 많은 살인사건이 아무렇지 않게 벌어지는 것이 (이렇게 말하기 좀 그렇지만) 너무 재미있다. 물론 실제가 아닌 허구이기 때문에 부담 없이 즐기는 것이다. 범죄 이야기의 자극적인 면을 좋아해서인지 나는 추리소설뿐 아니라 〈경찰청 사람들〉, 〈사건 25시〉 같은 범인 잡는 수사 프로그램도 좋아한다. 그중에서도 여전히 인기리에 방영 중인 〈그것이 알고 싶다〉는 나의 최애 프로그램이다.

: 나쁜 인간은 있다

〈그것이 알고 싶다〉에는 여러 종류의 '나쁜 놈'이 등장한다. 종교로 현혹시켜 한 가정을 망친 사이비 교주, 다른 사람이 평생 모은 돈을 야금야금 빼앗는 것도 모자라 그 사람을 자신의 호적에 입적시켜 양어머니 행세를 하는 술집 주인, 자신의 욕구를 채우고자 여중생을 강간한 후 다리 밑에 유기한 남자 등 세상에는 어찌나 이렇게 다양하고 놀라운 나쁜 놈들이 있는지. 정신과 의사가 된 뒤에는 이런 나쁜 놈들의 정체를 '세련되게' 영어로 말한다. 반사회성 성격장애(antisocial personality disorder), 일명 사이코패스다. 정신과 의사들이 마음에 안 드는 사람을 욕할 때 보통 이렇게 말한다.

"그 인간 안티 소셜 아니야?"

이 말은 정신과 의사가 할 수 있는 최고의 악담이다. '안티 소셜'이라는 단어 안에 실망과 경멸, 상대할 가치 없음 등 온갖 나쁜 의미가 한꺼번에 담겨 있기 때문이다.

정신건강의학과에서 반사회성 성격장애를 진단하는 기준은 다음과 같으며, 아래 행동 중 세 가지 혹은 그 이상이 나타나야 한다. 먼저 15세 이후에 다른 사람의 권리를 무시하고 침해하는 양상을 보인다. 법적으로 구속되더라도 개의치 않고 사회

나의 무섭고 애처로운 환자들

적 규범을 지키지 않는다. 자신의 이익이나 쾌락을 위해 반복적으로 거짓말을 하고 타인을 속이고 기만한다. 충동적이거나 미리 계획을 세우지 못하고, 성미가 급하고 공격적이어서 싸움을 빈번하게 일으킨다. 자신이나 타인의 안전을 무시하는 무모한 행동을 보인다. 일정한 직장을 유지하는 데 반복적으로 실패하거나 재정적으로 책임을 지려하지 않는다. 또 타인을 해치거나 타인의 물건을 훔치고도 개의치 않거나 합리화하는 등 양심의 가책이 없다.

〈그것이 알고 싶다〉에는 반사회성 성격장애로 의심되는 사람이 자주 등장한다. 몇 년 전에 나온 교회 목사가 특히 기억에 남는다. 목사는 경기도에 교회를 지어 신도들을 모아놓고 서로 잘못한 것을 이야기하면서 매타작을 하게 시켰다. 가볍게 때리는 것도 아니고 굉장히 심하게 얼굴이나 몸을 때리게 하는데, 그러는 동안 목사는 단상에 올라가 마이크를 잡고 끊임없이 욕설 비슷한 소리를 내뱉으며 신도들을 자극한다. 죄를 사하는 과정이라나. 그뿐 아니라 천국에 가려면 재산을 모조리 교회에 헌납해야 한다며 현금과 부동산을 가져다 바치게 한다. 젖과 꿀이 흐르는 땅을 찾으러 간다며 신도들을 해외로 보내 일을 시키고

: 나쁜 인간은 있다

번 돈은 다시 교회가 가져간다. 최소한의 생활비만 받는데도 신도들은 뭐에 홀린 것처럼 이용당한다. 신도들의 희생을 바탕으로 목사와 목사 아들 그리고 목사의 수족들은 계속 자기 영역을 넓히고 재산을 불린다.

가장 인상 깊었던 대목은 〈그것이 알고 싶다〉 제작진이 구치소에 수감되어 있는 목사를 인터뷰한 장면이었다. 아마 보통 사람 같았다면 조금은 부끄러워하면서 고개를 숙이거나 제작진을 피할 것이다. 실제로 다른 편에서는 제작진이 범인으로 의심되는 사람을 찾아갔을 때 욕을 하면서 쫓아내는 경우가 많았다. 차라리 욕을 하는 게 일말의 양심이 남아 있는 행동이라고 볼 수 있다. 적어도 수치심은 아직 남아 있는 거니까. 목사는 자신이 한 일은 모두 아무런 문제가 없다고 말했다. 매타작 같은 행동을 남이 시켜서 할 수 있는 것이 아니지 않느냐며, 신도들이 모두 자의적으로 선택한 것이라고 너무도 당당하게 큰 목소리로 이야기했다. 누가 봐도 다른 사람을 이용해 사리사욕만 채운 전형적인 악인인데도 목사에게 죄책감이란 없었다.

다른 사람의 권리를 무시하고 침해하며, 법적으로 구속되더라도 개의치 않고 사회적 규범을 지키지 않고, 자기 이익을 위

나의 무섭고 애처로운 환자들

해 반복적으로 타인을 속이는 행태. 타인을 해치거나 타인의 물건을 훔치고도 (아마 목사는 훔친 적 없다고 항변하겠지만) 자기 합리화하며 양심의 가책 따위는 느끼지 않는 것. 이미 이 목사는 진단 기준을 세 가지 이상 충족했다.

의사까지도 조종하는 반사회성 성격장애

병동에 반사회성 성격장애 환자가 입원하면 정신과 의사 대부분이 매우 힘들어한다. 이들의 반사회적 행동이 결국은 반복되기 때문이다. 처음에는 병동에서 충동성을 자제하고 잘 지내는 듯하다. 하지만 그 기간이 길지 않고, 2주 정도 지나면 슬슬 본색이 나온다. 의사와 간호사에게 거짓말하는 건 기본이다. 주변의 모든 사람을 조롱하고 병동 규칙을 허수아비로 만든다. 다른 환자의 물건을 훔치고, 자기보다 약해보이는 환자를 협박해서 성적으로 괴롭히거나 때리기도 한다. 지능이 높은 반사회성 성격장애 환자는 교묘하게 거짓말을 하면서 의료진 사이를 분열시키거나 다른 환자와 의료진과의 치료 동맹도 깬다. 그리

나의 무섭고 애처로운 환자들

고 병원이 교도소보다 훨씬 편하고 좋다는 것도 알기 때문에 의료진을 이용해서 자신이 원하는 것을 최대한 얻어내려고 한다.

나에게도 다시는 만나고 싶지 않은 반사회성 성격장애 환자가 있다. H는 동네 술집에서 술을 먹고 자주 돈을 내지 않아 경찰서를 밥 먹듯이 드나들던 사람이다. 법적인 문제가 반복되자 책임을 회피하려고 스스로 도망치듯 정신병원에 입원했다. 입원 후 처음 몇 달은 매우 모범적으로 지냈다. 병동에서 증상이 심해 자기 관리를 못하는 환자를 자발적으로 돕기도 하고 병동 생활을 하며 불편한 점을 다른 환자 대신 간호사에게 건의하기도 했다. 하지만 점점 양상이 이상해졌다. 자신이 분위기를 장악했다고 생각하자 병동 규칙을 자기에게 유리한 쪽으로 바꾸려 들었다. 예를 들면 환자 자치 모임에서 정한 오전 탁구 시간을 다른 시간대로 옮겨야 한다고 주장했다. 자신이 오전에 낮잠을 자야 하는데 탁구 소리가 시끄럽다는 것이 이유였다. 간섭 대상은 점점 직원으로까지 확대됐다. 간호사가 병실 위생 관리 규칙을 설명하자 듣기 싫어하는 것은 물론 자신은 지킬 수 없다며 거부했다. 간호사뿐 아니라 주치의인 나도 조종하려 들었다. 자신이 원하는 시간에 수시로 면담하기를 원했으며, 면담을 하면서는 간호사들이 주치의를 무시하고 있는데 내가 초짜 의사라 모르고 있다며 나를 비난함과 동시에 간호사와 의사인 나 사이를 이간질하려는 이야기를 자주 했다. 나중에는 면담실 앞에 서서 나에게 이리 오라며 손가락으로 까닥까닥하는 지경에 이르렀다.

당시 나는 전문의가 된 지 얼마 되지 않았던 터라 처음에는 H에게 휘둘렸던 것 같다. 그러다가 요새 유행하는 말로 현타, 이른바 현실 자각 타임이 왔다. '아니, 이 사람이 왜 나한테 이렇게 행동하지? 내가 지금 이 환자한테 왜 이렇게 휘둘리고 있지?' 하고 엄청나게 고민을 한 끝에 '이 사람은 반사회성 성격'이라는 결론을 내렸다. 지금 되돌아보면 전형적인 반사회성 성격장애의 특성을 보였는데 아직 초보 정신과 전문의였던 나는 기분도 나쁘고 혼란스러워 괴롭기만 했다.

결국 H는 자신이 원하는 대로 병동이 돌아가지 않는다며 보건소와 국가인권위원회에 반복적으로 민원을 넣었다. 하지만 보건소나 다른 기관에서 그의 요구를 들어주는 조치가 없었고 결국 다른 환자들과 자신이 수준이 맞지 않는다며 여러 차례 다투고 의료진과도 충돌을 빚어 병원에서 강제퇴원을 당했다.

나의 무섭고 애처로운 환자들

아직도 가끔씩 H가 면담실 앞에 서서 손가락을 까닥거리며 나를 부르던 모습이 생생하다. 그리고 뭐라 말할 수 없이 당혹스럽고 불쾌했던 그 순간의 감정이 떠오른다. 그에게는 병동 규칙도, 사회 법규도, 사람들 사이의 질서도 중요하지 않았다. 오로지 자신의 욕구만 중요하고 자신에게 이득이 되는 방향으로 다른 사람을 조종하려고 들 뿐이었다. 이렇듯 반사회성 성격장애 환자들이 입원하면 병동 분위기를 흐트러뜨리기 때문에 다른 환자들과 의료진들은 지옥을 맛본다.

제발 입원하지 말았으면 하는 환자

정신과 의사로서 늘 하는 말이 있다. "모든 조현병 환자를 잠재적 범죄자 취급해서는 안 된다"는 말이다. 제대로 치료를 받으면 환청, 망상 같은 정신병적 증상을 충분히 조절할 수 있다. 나는 치료받은 조현병 환자는 문제없이 일상생활을 유지할 수 있으며 범죄도 저지르지 않는다고 확신한다. 이들에게는 '약물치료'라는 큰 버팀목이 있기 때문이다.

하지만 사이코패스는 이렇다 할 치료법이 없다. 이들에게는 약물치료나 입원치료가 큰 도움이 안 된다. 이들의 행동 동력은 '진정한 악의'에서 비롯된 경우가 많다. 그리고 자신만의 이득을 위해 상황을 판단하고 분석한 뒤 범죄를 저지르기 때문에

나의 무섭고 애처로운 환자들

환청이나 망상 치료제를 엄청 많이 때려부어도 별 효과가 없다. 그래서 정말 나쁜 의도로 범죄를 저지른 사람에 대해서는 심신미약이라고 판단하지 않는다.

예전부터 법정신의학에서는 '정신질환이 범죄를 일으킨 결정적인 원인인지', '정신질환으로 인해 자기 행동의 옳고 그름을 구분하지 못하는지'를 판단하는 기준에 관한 논란이 많았다. 정신이상 행동을 보일 때 구금보다는 정신과 치료를 하는 것이 반드시 치료받아야 하는 사람을 돕는 일이긴 하지만, 모든 정신이상 행동에 면죄부를 씌워주는 격이 되기 때문이다. 이러한 고민은 오늘날까지 계속되고 있다. 지금도 조현병 환자나 정신과에서 치료를 받은 적이 있는 사람이 범죄를 저질러 정신감정 문제가 뉴스에 보도되면 인터넷 댓글창이 폭발한다. 일부러 환청이 들리는 척하는 것일 수 있다, 아프면 다 봐줘야 하나 등 정말 날선 반응이 많다. 모든 댓글에 동의하는 것은 아니지만, 진짜 치료받아야 할 정신질환자와 사회규범을 아무렇지도 않게 어기는 사이코패스를 잘 구분해야 한다는 데는 공감한다. 그리고 국립법무병원에서 정신감정을 하면서 이 둘을 구분하려는 노력을 하고 있다.

　　　　　　　　: 나쁜 인간은 있다

작년 가을 일이다. 피감정인들이 입원하는 검사 병동 간호사실이 술렁였다. 직원들 이야기를 들어보니 일주일 뒤에 아주 유명한 사람이 정신감정을 오는데 너무 걱정이 된다는 것이었다.

I는 국립법무병원 역사에 한 획을 그은 유명한 사이코패스였다. I는 어린 시절부터 폭력사건에 휘말려 소년원을 들락거렸고, 스무 살 때부터 필로폰에 손을 댄 후로 교도소를 제집 드나들 듯하던 사람이었다. 국립법무병원에도 이미 한 차례 온 적이 있었는데, 과거 입원 당시에도 주치의에게 중독성이 있는 향정신성의약품을 무리하게 요구했다. 무엇보다 이 사람이 유명해진 계기는 따로 있었다. 병원에서 금지되어 있는 담배를 들여오려고, 외부인을 통해 축구공 안에 넣어 병원 담장 안으로 넘겨받는 일을 벌인 것이다. 이 사건은 국립법무병원의 관리 실태가 엉망이라는 제목으로 언론에 대서특필되기도 했다. 당시 병원은 난리가 났고, I는 이 사건으로 징역 8개월을 선고받았다. 이렇게 병동을 엉망진창으로 만들어놓고도 또다시 필로폰 복용으로 구속되자 자신은 정신질환자라면서 국립법무병원으로 오려고 스스로 정신감정을 신청한 것이다.

I는 첫 번째 면담에서부터 나를 협박했다. 자신은 향정신성

나의 무섭고 애처로운 환자들

의약품인 로라제팜을 먹지 않으면 어떤 이상한 행동을 할지 모르니 무조건 약을 달라고 했다. 요구를 들어주지 않으면 고소하겠다는 말도 덧붙였다. 또 자기가 마약을 하는 이유는 생체실험 때문이라는 등 지금도 눈앞에 코끼리가 보인다는 등 정신질환으로 인정받으려고 눈물겨운 노력을 펼쳤다. 자칫 잘못하면 I에게 딱 휘둘릴 것 같았다. 그래서 단호한 태도로 어느 때보다 엄격하게 규정을 지키도록 했다. 협박이 통하지 않자 I는 갑자기 무릎을 꿇고 울거나 빌었다. 그리고 약을 주지 않는 것은 주치의인 내가 자신을 '약물중독자'라는 색안경을 끼고 바라보기 때문이라며 인격 모독으로 인권위원회에 민원을 내겠다고 협박했다가 읍소했다가, 종잡을 수 없는 행동을 여러 차례 반복했다. 감정 기간 한 달 내내 나를 포함한 모든 의료진은 I 때문에 진이 쏙 빠졌다.

감정 기간 마지막까지 I는 자신이 원하는 감정 결과를 적으라고 집요하게 요구하다가 떠났다. 가끔 그가 재판에서 어떤 판결을 받았는지 궁금할 때가 있지만 다시는 보고 싶지 않다.

: 나쁜 인간은 있다

사이코패스도 심신미약으로 인정해야 할까

예전에 읽은 《괴물의 심연》은 뇌 과학자가 뇌 영상 사진들을 모아서 분석하던 중 우연히 너무나 전형적인 사이코패스의 뇌를 골랐는데 알고 보니 자신의 뇌였다는 내용을 시작으로 이야기를 풀어가는 책이다. 사이코패스는 유전과 양육, 두 가지 요소로 결정된다. 저자가 자신의 뇌를 살펴본 후 가족 내력을 거슬러 오르니 조상 중에 유명한 연쇄살인마가 있었다. 하지만 저자는 적절한 양육을 받아 사이코패스가 되지 않고 뇌 과학자로 성장했다. 이런 연구 결과를 통해 저자는 '어떻게 키우느냐'가 '범죄자가 되느냐'에 큰 영향을 미친다고 말한다.

나도 그 의견에 동의한다. 누구에게나 마음속에는 이기적인

나의 무섭고 애처로운 환자들

욕망이 있다. 자기 이익이 최우선이고, 자신이 제일 편하고 싶은 욕망. 빨간 신호등에서 기다리기 싫고, 숙제하기 싫고, 비싼 물건을 그냥 가져오고 싶고, 성욕이 생길 때 상대방과 합의 없이 나의 욕구만 채우고 싶은 욕망. 이런 욕망에 굴복해 모든 사람이 하고 싶은 대로 행동하면 사회가 엉망이 될 것이기 때문에 양심이라는 것이 작동해 스스로를 감시하고 조절한다. 이것을 정신과에서는 초자아(superego)라고 부르는데, 본능을 조절하는 일종의 '감시자'다. 하지만 양심이 제대로 일을 하지 않을 때 '양심에 구멍이 났다'라고 말하는데, 실제 사이코패스를 분석할 때 '초자아 공백 상태(superego lacuna)'라는 표현을 쓴다. 초자아가 스스로를 감시하지 못하기 때문에 반사회적인 행동을 한다는 것이다. 대부분의 사람은 사회 구성원으로서 규칙을 지키려 노력하고 자신의 이익뿐 아니라 타인의 이익도 고려하면서 살아간다. 하지만 사이코패스는 자신의 이익을 최우선으로 삼고 사회 규칙이나 타인의 이익 따위는 고려하지 않는다.

대부분의 정신과 의사는 환자에 대해 일말의 안타까움을 느끼며 진료를 본다. 나도 마찬가지인데 특히 국립법무병원에서 일하면서 제때 치료받지 못해 증상이 악화되어 망상의 세계에

: 나쁜 인간은 있다

빠져 결국 범죄를 저지르고만 환자를 볼 때면 진심으로 마음이 아프고 씁쓸하다. 그리고 다시 한 번 이들을 향한 편견과 오해, 낙인을 벗기기 위해 그리고 사회 안전을 위해 내가 무엇을 어떻게 해야 할지 깊이 고민한다. 그러다가도 가끔 환자라고 결코 표현하고 싶지 않은 무시무시한 인간들을 마주하면 이 일에 회의를 느낀다. 이들도 환자랍시고 면담을 해야 하나 싶기도 하고, 너무 뻔뻔하게 자신의 죄는 반성하지 않고 변명으로 일관하는 것을 보면 분노가 치민다.

　너무 감정적으로 표현하긴 했지만, 이 때문에 정신의학에서는 과거부터 조현병, 조울증, 우울증 등 정신질환과 사이코패스를 구분했고, '심신미약을 논할 때 사이코패스도 감형 대상에 포함시켜야 할까?', '이들이 법적인 책임을 조금이라도 줄이려고 정신질환을 가장하거나 이용하는 것은 아닐까?'라는 고민을 거듭했다. 유럽과 미국에서는 법정신의학을 논할 때 사이코패스는 심신미약에서 배제하는 것이 요즘 추세다.

　　　　　　　　　　　　　　　나의 무섭고 애처로운 환자들

8

술과 알코올중독

술에 빠진 사람들

정신과 의사에게 유독 치료가 힘든 질환이 있는데 그 중 하나가 바로 알코올중독이다. 여러 이유가 있지만, 우선 알코올중독은 치료 효과가 좋은 약물이 딱히 없다. 물론 갈망을 줄여주는 약이 있기는 하다. 하지만 조현병이나 조울증처럼 약물 치료로 드라마틱하게 호전되지 않는다.

정신과 의사들이야 알코올중독을 당연히 '질병'으로 취급하지만, 대부분의 사람들은 그저 '나쁜 습관' 정도로 본다. 환자 스스로도 알코올중독이라는 정신질환에 걸렸다는 자각이 없고, '나는 알코올중독이 아니고, 지금은 그저 속이 상해서 술을 마시는 것뿐 마음만 먹으면 언제든 끊을 수 있다'고 여긴다.

알코올중독 치료에서 가장 중요한 것은 환자의 인식과 의지다. 그러나 술은 동네 편의점만 가도 너무 쉽게 구할 수 있고, 중독에 빠지는 것 또한 한순간이다. 우리나라처럼 술에 접근하기 쉬운 환경, 관대한 문화 속에서 환자가 어느 날 갑자기 개과천선하듯이 술을 끊기란 매우 어렵다. 중독의 긴 터널에 아예 발을 들이지 않는 것이 좋지만, 이미 들어간 이상 빠져나오기는 쉽지 않다.

알코올중독의 진행 과정을 보면 초기에는 대체로 '스트레스를 해소하려고 마시는 술'에서 시작한다. 가족들에게 요즘 술을 자주 마시는 것 같다는 잔소리를 듣는다. 술 좀 그만 마시라는 잔소리의 강도가 점점 심해지면 죄책감을 느껴 몰래 술을 마신다. 필름이 끊기는 증상도 자주 발생하는데 이 또한 알코올중독의 확실한 신호다.

중기로 접어들면 혼자서도 술을 마시고, 마시면 멈추지 못한다. 자꾸 '회사 때문에, 가족 때문에 속상해서'라고 핑계를 댄다. 췌장염, 간염, 위장염 등 신체질환이 생겨서야 어쩔 수 없이 며칠간 술을 끊는다. 이 과정에서 나는 마음만 먹으면 술을 조절할 수 있구나 하는 그릇된 자신감을 갖게 된다. 그리고 술 때문에 몸이 아파 입원하는 일이 잦아지고 결근을 하는 등 직장에서도 갈등이 생긴다.

그렇게 알코올중독 말기에 이르면 하루 종일 취해 있게 된다. 술에 취해 잠들고, 일어나면 또 술을 마신다. 밥도 먹지 않고 계속 술을 마셔 몸은 허약해지고 일상생활은 망가진다. 피부에 벌레가 기어 다니는 것 같은 환촉, 환시, 불안증, 피해망상 등 알코올중독으로 인한 이차적인 정신질환도 겪는다. 알코올이 우리 뇌에 직접적으로 영향을 주는 물질이기 때문에 다른 정신질환을 일으키는 것이다.

예전에 담당 환자였던 K는 오랜 세월 술 때문에 가족들을 고생시켰다. 고향이 전라도여서 그쪽 지역의 여러 병원에서 입·퇴원을 반복하다가 내가 일하는 병원에까지 오게 되었다. 입원 초기에는 충청도에 오니 전라도 쪽 병원들보다 밥이 맛이 없다고 투덜거리기도 했다. 유치한 투정에 어이가 없었지만 악인은 아니었다. 입원 초기만 해도 K는 전형적인 알코올중독 환자였다. 술 문제가 없다고 우기기도 하고, 누나들이 괜히 걱정한다고 자신만만해하기도 했다. 그런데 입원한 지 얼마 지나지 않아 면담에서 기이한 말을 하기 시작했다. 자기가 고향에서부터 누군가에게 쫓겼고, 그 사람들이 지금 병원 근처에서 잠복하고 있다고 했다. 전형적인 피해망상 증상이었다. 환청이나 다른 증상은 관찰되지 않았다. 자기 위생 관리나 생활 관리 등 일상생활에는 큰 문제가 없었다. 이런 경우 피해망상이 자명하더라도 조현병으로 진단하기보다는 알코올로 인한 정신병적 장애로 진단한다. 이처럼 심한 알코올중독은 피해망상이나 환청뿐 아니라 치매, 우울증, 수면장애 등 다른 정신질환으로 이어진다. 더 큰 문제는 정신적인 합병증뿐 아니라 신체적인 합병증도 함께 앓는다는 점이다. 흔히 간과 췌장에 영향을 준다고 알려져 있지만, 술을 마시면 식도를 거쳐 위와 소장, 대장을 지나기 때문에 신체 내부 장기 모두에 영향을 준다고 해도 과언이 아니다. 결과적으로 심혈관계에도 문제가 생긴다.

내가 경험한 환자 중에 아직도 잊을 수 없는 환자가 한 명있다. 30대 초반의 남성이었는데 10대 후반부터 술을 먹기 시작해 군대 제대 후 막노동 일을 하면서 술이 급격히 늘었다. 이를 보다 못한 형이 술을 좀 끊어보자며 병원에 데리고 왔다. 형은 겉으로는 무섭고 엄격해보였지만 주치의인 내가 봐도 동생을 깊이 아끼는 마음이 느껴졌다. 그러나 동생은 철없이 술 먹고 싶으니 빨리 퇴원시켜달라며 조르고 치료 의지가 없어 보였다. 그래도 몇 달간 입원하면서 단주 교육도 받고 술 생각을 줄여주는 약도 먹으면서 끊겠다는 마음이 조금은 생긴 듯했다. 못 미더웠지만 그래도 예전보다야 낫겠지 하는 생각에 외래에 올 날짜를 정해주고 환자를 퇴원시켰다.

그렇게 한 달쯤 시간이 지난 어느 날, 형이 병원을 찾아왔다. 그러고는 동생이 갑자기 죽었다며 그동안의 진료 기록과 치료받은 내용을 담은 진단서가 필요하다고 했다. 젊은데다 술 문제 말고는 신체적으로 건강했던 환자가 사망했다니, 처음에는 진단서를 대신 발급해가려고 형이 거짓말을 하는 줄 알았다. 그런데 아니었다. 진짜 사망한 것이었다. 형 이야기로는, 동생이 퇴원 후 일주일간은 술을 끊어보겠다며 노력했다고 한다. 하지만 점점 참지 못하고 짜증을 내는 일이 잦아지다가 친구들 만나 술 한잔, 상갓집에 가서 또 한잔 마시기 시작했다. 대다수의 알코올중독 환자가 그렇듯이 삽시간에 예전의 음주 습관이 돌아왔고, 매일 그렇게 폭음을 하며 지냈다. 그날도 역시 동생은 밤새 술을 먹고 아침에 집에 들어왔다. 그저 잠을 자겠거니 싶어 내버려두었는데 저녁까지 기척이 없어 밥 먹으라고 깨울 겸 동

: 술과 알코올중독

생 방에 들어가 보니 동생이 숨을 쉬지 않은 채로 누워 있었다. 그토록 무서워 보였던 형은 이 이야기를 하면서 내 앞에서 엉엉 울었다. 마지막 퇴원할 때 "다시는 선생님 얼굴 안 볼 자신 있 다"면서 장난스럽게 웃었는데, 지금도 알코올중독 환자를 면담 할 때면 그의 얼굴이 겹쳐 떠오른다.

작은 허물과 큰 허물

정신과 병원에서 알코올중독 환자에게 하는 치료에는 여러 가지가 있다. 우선 금단증상을 막기 위해서 약물치료를 한다. 금단증상이란 만성 중독자가 중독성 있는 물질의 섭취를 갑자기 끊었을 때 일어나는 여러 가지 정신·신체상의 증상이다. 식은땀, 가슴 두근거림, 손 떨림, 메슥거림과 같은 가벼운 증상부터 환촉, 환시, 피해망상 같은 정신병적 증상, 경련 같은 집중 관찰이 필요한 증상까지 다양하다. 그리고 열 명 중에 한 명은 사망에 이르기도 한다. 그래서 알코올중독으로 입원한 환자에게는 바로 수액으로 비타민과 무기질을 공급하고, 금단증상을 최대한 막기 위해 항불안제와 항경련제를 투약한다. 어느 정도

: 술과 알코올중독

신체 증상이 안정되면 그때부터 단주치료를 한다. 옛날에는 술을 먹으면 깨질 듯한 두통을 유발하는 약을 처방해 술을 못 먹게 했으나 몸에 해롭다고 해서 지금은 쓰지 않는다. 대신 술에 대한 충동을 줄여주는 약물을 처방하고 정신치료를 한다. 이 약은 앞서 이야기했듯 효과가 그리 드라마틱하지는 않다. 아캄프로세이트라는 약이 가장 대표적인데, 슬프게도 이 약을 먹고도 술을 먹는 알코올중독자가 굉장히 많다. 결론적으로 약을 먹는다고 해서 술을 끊을 수 있는 것은 아니다. 진정한 효과를 보려면 자발적으로 술을 끊겠다는 의지가 가장 중요하고, 반드시 정신치료가 병행돼야 한다. 정신치료는 의사와 환자가 일대일로 하는 치료뿐 아니라 다른 알코올중독자들과 함께하는 집단 정신치료도 굉장히 중요하다. 집단 정신치료는 서로 비슷한 상황의 환자들이 모여 알코올중독에서 벗어나 삶을 회복하기 위한 경험을 나누고 의지를 북돋는 것이 목적이다. 이런 모임을 '익명의 알코올중독자(Alcoholics Anonymous, AA) 모임'이라 하며, 줄여서 'AA 모임'으로 부른다.

힘들게 단주를 결심하고 실천으로 옮겼다면 중독이 재발하지 않도록 노력해야 한다. 그래서 퇴원 후에 적어도 1년은 정기

적으로 통원치료를 해야 하고, 귀찮더라도 일주일에 한 번 정도
는 꼭 주치의 얼굴을 보고 마치 숙제 검사처럼 한 주 동안 술을
먹었는지 안 먹었는지 확인받는 것이 필요하다. 무엇보다 스스
로 절제하려는 노력이 절실한데, 가장 중요한 일은 술자리를 피
하는 일이다. 입원한 환자들도 가끔 텔레비전에서 술 광고가 나
오면 자기도 모르게 침을 꼴딱 삼킨다고 이야기한다. 술을 좋아
하는 사람이 눈앞에 술이 있는데 참기란 정말 쉽지 않다. 따라
서 술을 마실 것 같은 자리는 무조건 피하는 게 상책이며 어쩔
수 없는 상황이라면 주변에 몸이 아프다고 알려서 애초에 술을
권하지 못하도록 차단해야 한다. 가끔 환자들이 사회생활하면
서 어떻게 술을 안 마시느냐, 오랜 친구랑 마시는 술 한잔 정도
는 괜찮은 것 아니냐고 말하면, 숙제 안 하는 아들내미 혼내듯
꾸짖는다. 그러다가 죽고 싶으시면 회식도 가고, 친구도 만나시
라고. 당신에게 한 잔의 술은 단순히 술을 먹는 게 아니라 죽음
으로 한 발짝 더 다가가는 것과 마찬가지라고.

매일 일기를 쓰는 것도 굉장히 도움이 된다. 정말 노력하는
환자들은 하루에 두 번씩도 일기를 쓴다. 아침에 일어나 그날
할 일을 계획하고 오늘 하루 꼭 단주하겠다고 결심하고, 저녁에

하루를 돌아보며 스스로를 격려한다.

알코올중독자가 하는 '3대 망상'이 있다. 혼자 끊을 수 있다는 '홀로 망상', 자신은 술을 충분히 조절하면서 마실 수 있다는 '절주 망상', 한 잔만 마시겠다는 '첫잔 망상'. 이 세 가지가 가장 위험한 생각이다.

중독에서 회복되는 과정은 너무나 힘들고 외롭다. 지나치게 길고 거대한 계획을 세우면 지치기 때문에 매일매일 '오늘 하루만 단주해보자' 하고 단순하게 계획하고 실천하고 또 반성해야 한다. 그렇게 하루가 모여 일주일이 되고, 일주일이 모여 1년이 된다. 1년이 되었다고 절대 자만해서는 안 된다. 10년을 단주해도 한순간에 무너질 수 있다. 알코올중독은 누구나 걸릴 수 있는 병이므로 부인하거나 수치스럽게 생각하지 말아야 한다. 알코올중독이 작은 허물이라면, 이 병에 걸리고도 낫기 위해 노력하지 않는 것은 정말 커다란 허물이다. 부디 포기하지 말고 전문가의 도움을 받기를 간곡히 바란다.

자발적 음주도 심신미약으로 봐야 할까

2008년 12월 경기도 안산에 사는 한 남성이 여덟 살짜리 여자아이를 교회 안 화장실로 끌고 갔다. 남성은 여자아이를 성폭행하려다 여자아이가 거부하자 주먹으로 얼굴을 때리고 목을 졸라 기절시켜 강간한 뒤 버려두고 갔다. 그 일로 여자아이는 목숨이 위험할 정도로 심한 외상을 입었다. 너무나도 끔찍한 이 사건은 우리나라 사람이라면 누구나 다 아는 일명 '조두순 사건'이다.

조두순은 파렴치하게도 잘못을 인정할 생각은 안 하고 범행 당시 자신이 알코올중독 상태여서 행동을 통제할 수 없었다며 심신미약을 주장했다. 검찰은 조두순에게 무기징역을 구형했으나 법원은 심신미약 상태인 것을 받아들여 징역 12년형으로 감형했다.

　이 사건은 대다수의 사람을 분노케 했다. 그토록 끔찍한 사건을 저지른 범인이 뉘우침도 없이 술을 핑계로 감형까지 받다니, 무슨 법이 이러한가. 당시 우리나라의 법에서 '심신미약'은 법률상 반드시 형을 감경해야 하는 사유에 해당했고, 술을 먹은 것으로 심신미약이 인정되면 어쩔 수 없이 '반드시' 형을 감경해야 했다. 이 일로 법과 제도를 개선하라는 청원이 빗발쳤다. 그렇게 10년이 흐른 2018년 12월 18일, 심신미약을 인정받으면 형을 '감경한다'는 형법 제10조 1항이 '감경할 수 있다'로 드디어 바뀌었다. 단어 하나 차이인 듯 보이지만 이러한 변화는 알코올중독으로 범죄를 저지른 사람의 심신장애 상태를 판단할 때 중요한 기준이 되었다. 개정 전에 이 조항은 심신미약인 경우 반드시 꼭 형을 감경해야 한다는 의미이지만 개정 후에는 상황에 따라 감경할 수도 있고, 감경하지 않을 수도 있다로 해석될 수 있기 때문이다.

　정신과 의사들은 대개 자발적 음주에 의한 범죄는 스스로 자초한 것이기 때문에 그에 따르는 책임은 당사자가 져야 한다

　　　　　　　　나의 무섭고 애처로운 환자들

고 생각한다. 범죄가 성립하려면 '자발적 의지'와 '악의'가 필수 조건이다. 그런 관점에서 자발적 음주를 한 경우, 특히 예전부터 술을 마신 뒤 여러 행동 문제와 법적 문제를 일으켰던 경우, 술을 마셨을 때 문제 상황이 발생할 수 있음을 본인이 충분히 알고 있었을 것이다. 그런데도 또 술을 마신 것이기에 스스로의 의지로 상황을 야기한 것으로 봐야 옳다.

미국에서도 자발적 음주로 인한 범죄는 스스로 책임져야 한다는 것을 법으로 규정하고 있다. 미국 형법의 기초가 된 미국 모범형법(Modal Penal Code)은 '중독은 그 자체로 정신질환이 아니'라고 못 박는다.

정신감정을 할 때 피감정인 중에 성범죄를 저지르고 난 뒤 취해서 자신도 모르고 그랬다는 핑계를 대는 사람을 볼 때 가장 화가 난다. 피감정인 X도 그랬다. X는 반복적으로 성범죄를 저지르는 사람이었다. 그것도 매번 술을 먹은 상태에서. X는 자신이 답답할 때마다 술을 먹고 나면 좀 편해지는 것 같고 그 상태에서 호기심에 여성과 모텔에 가면 자신도 모르게 성관계를 하게 된다고 주장했다. 그냥 들어도 말이 안 되는 논리다.

또 다른 피감정인 M도 예전부터 알코올중독으로 여러 차례

: 술과 알코올중독

병원을 들락날락했다. 하지만 음주는 반복됐고 술에 취해 부인을 자주 때려 이혼했다. 아버지도 술로 인해 식도암을 진단받았는데 그 일로 더 스트레스를 받았다며 M의 음주량은 늘어만 갔다. 그리고 술을 먹은 상태에서 운전을 하거나 충동적으로 다른 사람을 때리거나 물건을 훔치는 등 법적인 문제 행동도 많아졌다. 그러다가 재혼한 부인에게 술을 마시고 칼을 들이대며 협박한 일로 고소당해 감정이 의뢰됐는데, 이런 사람들을 면담하면 내용이 항상 비슷하다. 자기 행동을 모두 '술 때문'이라고 한다. M은 무척 당당한 태도로 자기가 한 행동이 전혀 생각나지 않는다고 했다. 예전에 형사고발된 사건들도 그저 술 마시고 사고 친 것이라고, 사람이 술 한잔 들어가면 그럴 수 있지 않느냐는 식으로 얘기해 기가 막혔던 기억이 있다.

피감정인 N도 술 문제로 저지른 범죄가 한두 건이 아니었다. 열다섯 살 때부터 공장에서 일하다가 같이 일하는 형들과 어울려 술을 먹었다. 그때부터 술 먹을 기회만 있으면 폭음하는 습관이 생겼다. 그리고 폭음 후에 지나가는 행인을 때리거나 동네에 충동적으로 자꾸 불을 질러 거의 20여 년간 교도소를 제집처럼 드나들었다. '그래도 교도소 안에 있을 때는 술을 먹지 않

나의 무섭고 애처로운 환자들

아서 좋다'고 표현할 정도로 출소만 하면 술을 끼고 살았다. 마지막 출소 후 고시원에서 지냈는데 옆방 사람이랑 친해져 어울려 술을 먹다가 '반말을 한다'며 시비가 붙어 상대를 칼로 찌르고 또다시 살인미수로 기소되어 형사정신감정이 의뢰됐다. N은 술에 취하지만 않으면 조용한 사람이었고 멀쩡한 정신으로는 사고를 친 적이 한 번도 없었다. 스스로도 항상 술이 문제라는 것을 알고 있었으며 술만 먹으면 자꾸 범죄를 저지른다며 후회했다. 그러면서도 술을 끊으면 낙이 없고 그만 먹을 자신도 없어서 단주해본 적도 없고, 앞으로도 단주할 생각은 없다고 했다.

N의 경우에는 어린 시절부터 불우한 환경으로 우울감에 시달리다 음주를 시작했고 지금도 우울감으로 불면과 불안, 음주가 반복되는 것 같았다. N의 상황을 들으면 어떠한 정신과 의사라도 알코올중독 치료가 꼭 필요하다고 생각해 단주 교육을 하고 약물치료를 하자고 했을 것이다. 그러나 감정 의사의 관점은 일반 정신과 의사와는 분명히 다르다. N은 술을 먹고 나면 충동적인 행동을 한다는 것을 스스로 충분히 알고 있는 상태였고, 예전부터 범죄로 법적 처분도 수차례 받았다. 하지만 또다시 스스로 술을 먹었고 비슷한 상황이 반복됐다. 나는 그가 심신미약

: 술과 알코올중독

이 아니라고 판단했다.

국립법무병원에 알코올 문제로 정신감정이 의뢰되는 경우가 점차 늘고 있다. 최근의 통계를 보면 조현병 다음으로 그 비율이 높다. 고위험 음주자 비율이 늘고 있기 때문이기도 하지만, 범행을 저지른 뒤 술을 핑계로 심신미약을 주장하는 사람도 많아지고 있기 때문이다. 그러나 점점 술로 인한 범죄를 용서하고 묵인하는 경우는 줄고 있다. 자신의 의지로 술을 먹고 나서 생긴 일은 스스로 책임져야 한다는 것이 이제는 상식으로 자리 잡고 있는 듯하다.

나의 무섭고 애처로운 환자들

9

약물중독은 범죄다

20년간 잊을 수 없는 강렬한 쾌감

정신의학에서 약물중독을 병으로 인정한 지는 그리 오래되지 않았다. 1956년이 되어서야 겨우 알코올중독을 병으로 인정했으며 대부분의 중독성 질환은 훨씬 나중에야 질병으로 분류됐다. 예전에는 중독성 질환을 개인의 도덕적 일탈 정도로 생각했으나 이제는 '조절의 상실'이라는 병리로 해석한다. 즉 중독 환자가 중독의 대상, 즉 술이나 약물 등을 중단하지 못하고 그것에 계속 질질 끌려 다니는 것은 자유의지가 아닌 내적인 강요에 의한 행위이므로 질병으로 분류할 만하다고 해석한 것이다.

정신의학에서 약물중독은 큰 범위에서 '물질사용장애'로 분

: 약물중독은 범죄다

류한다. 물질사용장애를 진단하는 기준에는 다음과 같은 것들이 있다. 물질을 의도하던 것보다 많이 사용하고 사용을 중단하거나 조절하려 노력해도 결국 실패할 때, 또 물질에 대한 갈망이 너무 심하고 물질을 사용함으로써 직장·학교·가정에서 자기 역할을 하지 못할 때, 대인 관계와 사회생활에 문제가 생길 때, 이것이 반복됨에도 물질을 중단하지 못하고 계속 사용할 때, 마지막으로 신체적으로 위험한 상황, 즉 매우 아플 수 있다는 것을 알면서도 거듭해서 물질을 사용할 때 등이다.

언론에서 여러 차례 보도된 사건의 주인공 O는 미국 국적이었다. 우리나라에서는 쭉 국제학교를 다녔고 고등학교를 졸업한 후에는 미국 대학에 입학할 예정이었다. 고등학교를 졸업했다는 해방감을 만끽하면서 국내의 여러 곳을 돌아다니면서 친구들이랑 술과 담배를 했다. 어느 날 친구 한 명이 미국에서 가져온 기분 좋아지는 약이라면서 LSD를 줬다. 당시 유학생들 사이에서 퍼지던 신종 마약인데, 적은 용량으로 강렬한 환각을 경험하게 한다고 알려져 있다. 그 위험성 때문에 미국에서도 강력하게 사용을 규제하고 있다. O는 친구가 준 LSD를 호기심에 혀 밑에 녹이고 삼켰다. 그다음부터가 문제였다. 거의 열흘간 비몽사몽의 경지를 헤맸다. 자기가 브라질 사람 같기도 하고, 영화관을 간 것 같기도 하고, 집을 나가 산으로 간 것 같기도 했다. 아는 사람이 죽은 것 같아서 차를 몰고 인천공항까지 가려 했으나 도저히 운전을 할 수 없어 그냥 집으로 왔다. 집에서도 어머니랑 아버지가 스파이일지 모른다는 의심이 들었고, 아버지 안경이 안 깨질 것 같아서 발로 밟았다. 하지 말라고 말리는 이모가 옷 속에 뭔가 위험한 물건을 숨기고 있으며 자신을 해칠 것 같아 이모를 칼로 찌르고 말리러 온 엄마도 찔렀다. 그렇게 O는 이모와 엄마를 살해했다. O가 호기심에 한 LSD는 그의 인생을 송두리째 바꿔놓았다.

마약 같은 약물이 진짜 무서운 이유는 한 번으로 끝나지 않는다는 데 있다. 예전에 중독정신의학회에 참석했을 때 중독의학의 대가인 교수님이 들려주신 이야기가 아직도 생생하다. 미국에서 연수하던 시절, 왜 중독자들이 마약을 잊지 못하는지 궁금해서 호기심에 대마초를 한 번 빨아보았는데 그 순간 엄청난 쾌감을 느꼈고, 그 기분이 20년이 지난 지금까지도 너무 강렬해 잊히지 않는다고 했다. 그 일을 겪은 뒤 사람들에게 아무리 순한 마약이라도 절대 호기심으로라도 접하지 말라고 진심으로 충고

: 약물중독은 범죄다

한다고 덧붙였다. 20년 동안 그때 그 순간의 기분을 대체할 만한 강렬함을 느껴본 적이 없었다는 말이 너무나 인상 깊었다.

약물중독에서 벗어나기가 얼마나 어려운지, 쉽게 끊기가 얼마나 힘든지를 잘 보여주는 드라마가 있다. 2017년 말에 방영했던 〈슬기로운 감빵생활〉에는 '해롱'이라는 인물이 등장한다. 마약 때문에 해롱해롱한 상태여서 '해롱'이라는 별명이 붙었다. 그는 약물중독 사범 연기를 실감나게 했는데, 특히 교도소 안에서 다른 걸로라도 몽롱한 기분을 느끼려고 타이레놀 같은 진통제를 잔뜩 모아서 한 번에 복용하는 장면이 참 인상 깊었다. 실제로 교도소에서 근무하는 공중보건의사 이야기를 들은 적이 있는데 이들은 어떻게든 약을 타려고 의무과에 온다고 한다. 교도소뿐만 아니라 국립법무병원에서도 약물중독자들은 수단과 방법을 가리지 않고 약을 요구한다.

드라마에서는 해롱이가 힘들게 약을 끊겠다고 결심한다. 그리고 그렇게 먹고 싶은 타이레놀도 먹지 않고 힘겹게 약물을 참아내며 형이 만기되어 출소한다. 그런데 출소하자마자 그 길로 기다리고 있던 차에 가서 주사로 필로폰을 투약한다. 그러나 이것은 경찰이 파놓은 함정이었고 그는 그 자리에서 또다시 구속

나의 무섭고 애처로운 환자들

된다. 그렇게 기다리던 가족과 연인도 못 만나고 바로 구속되는 장면이 너무나 충격적이어서 인터넷 댓글창은 한동안 뜨거웠다. '그렇게까지 잔인하게 해롱이를 몰아가야 하느냐', '너무 과하게 표현한 것 아니냐' 등 말들이 참 많았지만 약물중독자를 실제 본 사람으로서 중독성을 그보다 더 잘 표현할 수는 없으리라고 생각한다. 감독의 인터뷰 기사를 읽었는데 드라마를 만들기 위해 약물중독자를 여러 명 만나 이야기를 나눴고, 그 결과 마약은 쉽게 끊을 수 없는 것이라는 결론을 냈다고 한다. 시청자들이 실망할 수 있겠다 싶었지만, 경각심을 주기 위해 해롱이의 끝을 그렇게 그릴 수밖에 없었다는 것이다.

: 약물중독은 범죄다

마음만 먹으면 끊을 수 있다는 거짓말

민간 정신과 의원이나 병원에 약물중독자들이 진료를 보러 오는 것이 아주 흔한 일은 아니다. 대학병원도 마찬가지다. 하지만 국립법무병원은 다르다. 병원 특성상 민간병원에서 10년간 일했을 때보다 이곳에서 근무하는 3년 동안 더 많은 약물중독자를 만났다.

특히 여성 필로폰 중독자는 그 수가 많지 않기 때문에 더욱 보기 힘든데 이곳에서는 여러 차례 주치의를 맡았다. 한번은 병동에 6개월가량 여성 중독 환자 둘이 함께 입원한 적이 있었다. 처음에는 언니 동생 하면서 죽고 못 살더니 일주일 정도 지나서 정말 별것도 아닌 일로 서로 삐지고 싸우고 난리였다. 게다가 약물중독자 특유의 허세 같은 게 있어서 필로폰 중독자가 말하기를 본드 환자는 자기들 세계에서는 쳐주지도 않는다면서 무시하는 것이었다. 이 무슨 말도 안 되는 경쟁인지. 보고 있자니 기가 막혀서 소리를 버럭 질렀다. 필로폰 하는 게 무슨 자랑이냐고.

정신감정이 의뢰되는 경우도 굉장히 많다. 필로폰, 프로포폴, 본드, 가스 등 정말 여러 가지 약물중독으로 의뢰가 온다. 사연도 정말 다양하고 많다. 약물을 하기 위한 노력도 가상하다.

프로포폴을 찾아 헤매다가 오게 된 P도 잊히지 않는다. P는 스무 살 때부터 필로폰을 하던 약물중독자다. 아는 형이 처음 권해서 우연히 시작했는데 환각에 빠지면서 유쾌해지는 느낌이 너무 좋아 필로폰을 여러 차례 투약했고 20대 초부터 교도소를 들락날락했다. 마약 중독자 중 다수가 교도소에서 새로운 약에 대한 정보를 얻는다. 약을 끊고자 하는 의지가 없는 사람에게는 교도소가 반성하고 새로운 삶을 준비하는 곳이 아니라 투약 방법을 배우는 곳이고, 수형 생활이 투약을 위한 준비 기간이 된다. P야말로 교도소에서 약을 배운 경우인데 스스로 말하길 약물중독을 치료하러 왔다가 오히려 다른 약물 정보를 얻고 간 적이 많다고 했다. 그렇게 얻은 정보로 P는 프로포폴에 관심을 가

: 약물중독은 범죄다

지게 되었다. 프로포폴은 의료기관에서 수술이나 수면내시경을 할 때 마취제로 쓰는, 매우 주의해서 써야 하는 의약품으로 의사 처방 없이 남용하면 중독성이 생긴다고 알려져 있다. P는 수면내시경을 하면서 처음 프로포폴을 접했는데 그게 시작이었다. 프로포폴을 맞고 잠에 푹 빠졌다가 일어날 때의 느낌, 그 몽롱한 기분이 너무 좋아서 동네 내과 의원들을 돌아다니면서 6개월 동안 스무 번 넘게 수면내시경을 하며 프로포폴을 맞았다. 내과에 가서 속이 쓰리고 소화도 안 되니 내시경을 해달라고 하는 수법이었는데 나중에는 병원비 낼 돈도 없어서 돈을 안 내고 도망 나오는 일도 많았다. 그러다 결국 붙잡혀 프로포폴 남용으로 우리 병원에 정신감정이 의뢰됐다. 면담실에서 P에게 내시경을 하느라 고생했다고 칭찬 아닌 칭찬을 건넸다. 기록에는 하루에도 두세 번 내시경을 할 만큼 프로포폴을 맞고 싶어 병원을 찾았다고 적혀 있었다. P는 담담하게 필로폰보다 프로포폴이 훨씬 만족감이 크다고 말했다. 그 후로 가끔 뉴스에서 프로포폴을 맞았다는 연예인 기사를 보면 P가 생각난다.

J는 너무 이른 나이에 본드를 접한 뒤 헤어나지 못하는 사람이었다. 중학교 때 처음 본드를 흡입했고 그 후부터는 가출하고

　　　　　　　　　　나의 무섭고 애처로운 환자들

학교 안 다니는 비행 청소년이 되었다. 내가 만났을 당시 겨우 30대 초반이던 J는 인생 대부분을 교도소 아니면 정신병원에서 보낸 상태였다. 그래도 꽤 오랜 시간 끊었다고 자신했었는데 2년 만에 예전에 자기가 본드를 흡입한 장소에 가니 충동을 참을 수 없어 또다시 흡입해 국립법무병원에 온 것이었다. J에게는 "스스로 본드를 통제할 수 있다"는 자신감이 남아 있었다. 2년이나 끊은 적도 있다는 이야기를 하면서 이번에도 그저 실수였다고 하는 모습에 한숨만 나왔다. 그가 과연 본드를 끊을 수 있을까?

내가 만난 약물중독자들이 공통적으로 하는 말들이 있다.

"이번엔 정말 실수였다, 이제는 끊을 것이다."

하지만 형사정신감정이 의뢰될 때 초범보다는 재범인 경우가 많다. 〈슬기로운 감빵생활〉의 해롱이처럼 출소한 날 바로 필로폰을 투약하는 경우가 비일비재한데 '출소뽕'이라는 은어가 있을 정도다.

검찰 통계에 따르면 마약 사범의 재범률은 30퍼센트이고 특히 필로폰과 같은 향정신성의약품의 경우 2017년 기준으로 40퍼센트에 육박한 것으로 나타났다. 이것은 적발된 경우만 해당하는 것이고 몰래 투약한 경우까지 합하면 재범률은 훨씬 높다.

: 약물중독은 범죄다

우리나라에 약물중독 치료 전문가가
많지 않은 이유

약물중독환자는 정신과 의사들이 기피하는 환자군 중 랭킹 1, 2위를 다툰다. 의사가 투자하는 에너지에 비해서 마약을 끊게 하는 것이 너무나 어렵기 때문이다. 밑 빠진 독에 물 붓기 같은 일, 가성비가 떨어지는 치료라고나 할까. 그래서 약물중독 환자를 전문적으로 치료하는 민간 정신병원은 국내에 몇 군데 없다. 보건복지부가 운영하는 국립정신병원 5곳에서도 겨우 그 명맥만 이어가고 있는 것이 현실이다. 국립법무병원에는 이들을 치료하기 위해 2004년 약물중독재활센터를 설립했지만 항상 평화롭게 운영되는 것은 아니다.

마약을 했던 사람은 대체로 약물이 주는 순간적인 쾌감이나

나의 무섭고 애처로운 환자들

몽롱함을 잊지 못하여 어떤 약물이라도 찾는다. 그래서 약을 타 먹기 위해 아프지도 않은 허리에 갑자기 디스크가 있다는 등 가짜 환자 행세를 한다.

K는 약물중독재활센터뿐 아니라 국립법무병원에서도 엄청 나게 유명한 사람이었다. 약을 요구하는 집요함이 상상 이상이 었는데 K 때문에 공황장애가 생겼다면서 병가 휴직을 신청한 간호사가 있을 정도였다. 그는 하루에 한 알 이상 복용하지 못 하도록 정해져 있는 수면제 졸피뎀을 먹지 못하면 죽어버릴 거 라며 의료진을 협박해 세 알씩 받아먹은 날도 있었다. 결국 의 사들끼리 회의를 통해 의학 교과서에서 권고하는 적정 용량 이 상은 처방하지 않도록 결정했다. 보통의 환자라면 당연히 주치 의가 단독으로 결정할 일이겠지만, K는 고소 고발을 즐기는 사 람이었기에 만일을 대비해 공식적인 절차를 거친 것이다. 역시 나 수면제를 자신이 원하는 만큼을 타내지 못하자 K는 국립법 무병원을 고소했다. 그런데 고소 내용이 참 재미있었다. 의료진 이 허용되지 않은 과량의 수면제를 처방해 자신의 건강을 해쳤 다는 내용이었다. 다들 그 고소장을 보고 어이가 없어서 웃었다. 당시 간호 기록이나 진료 기록마다 집요하게 약을 요구하는 행

: 약물중독은 범죄다

동이 매우 자세하게 남아 있는데 어떻게 그렇게 뻔히 드러날 거 짓말을 할 수 있을까.

어떤 뻔뻔한 약물중독자가 한 말이 아직도 생생하다. 내가 본드를 불고 필로폰을 한 게 무슨 잘못이냐고. 누군가는 술에 중독되듯 나도 필로폰에 중독된 것뿐이지 않느냐고. 하지만 알코올중독과 약물중독은 시작부터가 다르다. 성인이 술을 마시는 것은 불법이 아니다. 마신 뒤 불법적인 행동을 하면 그것이 죄가 될 뿐 적당한 알코올 섭취는 충분히 용납되는 행동이다. 그러나 약물중독은 그 시작부터가 엄연한 불법행위다. 대마초, 필로폰, 부탄가스, 본드, 과량의 향정신성약물 모두 그것을 복용한 뒤 아무리 얌전히 있다고 한들 복용한 행위 자체가 범죄다. 시작조차 하지 말아야 한다.

병동에서건 외래에서건 이들은 의료진을 너무 힘들게 한다. 그래서 우리나라에 약물중독 환자를 전문적으로 치료하는 정신과 의사가 그리 많지 않다. 최근에는 국가가 마약중독에 관해 처벌을 넘어 치료받을 기회를 제공하는 방향으로 접근하고 있으나 아직 턱없이 부족하다. 그나마 우리 병원은 이러한 사람들을 치료할 목적으로 설립되었지만 현실은 녹록지 않다.

나의 무섭고 애처로운 환자들

10

모든 조현병이 위험한 것은 아니다

그들이 사는 세계는 가짜지만,
그들이 겪는 고통은 진짜다

　　사람들이 흔히 떠올리는 정신과 환자의 모습은 뭘까. 눈빛이 멍하고 알 수 없는 소리를 중얼거리고 이유 없이 실실 웃는 모습, 계절에 맞지 않은 옷차림을 하고 있고 머리는 며칠째 감지 않아 기름지고 양치를 하지 않아 치아가 더러운, 그런 모습이 아닐까. 이런 모습은 대체로 조현병 환자의 주된 정신병적 증상 때문에 나타난다.

　　조현병의 증상은 참으로 다양하다. 생각의 내용과 과정, 지각, 기분, 사회적 관계 등 모든 측면에서 기이한 모습이 나타나는 병이기 때문에 이 병만 관찰해도 정신질환의 대표적인 양상을 파악할 수 있다. 그래서 대부분의 정신과 의사는 조현병으로

　　　　　　　： 모든 조현병이 위험한 것은 아니다

정신질환을 처음 마주하게 된다. 정신과 의사로서의 인생을 조현병으로 시작한다고 해도 과장이 아니다.

앞서 얘기했듯 정신질환을 진단하기 위해서는 미국의 정신의학회에서 발간한 《DSM-5》에 따라야 한다. 미국뿐 아니라 전 세계의 정신과 전문 분야에서 일하는 사람이라면 누구나 《DSM-5》의 진단 기준에 따라 정신질환을 분류한다. 조현병도 마찬가지인데 《DSM-5》에 따르면 최소 1개월 이상 망상, 환각, 와해된 언어, 극도로 와해된 또는 긴장성 행동, 음성 증상[+] 중의 두 가지 이상의 증상을 보여야 한다. 그리고 두 가지 증상 중 하나로 망상, 환각, 와해된 언어를 포함해야 한다. 그런데 '망상, 환각, 와해된 언어'라는 간단한 표현 안에 정신 병리의 엄청난 세계가 담겨 있다.

'망상'은 이성이나 논리적 설명으로 바꾸지 못하는 불합리한 생각을 말한다. 예를 들면 자신이 원래는 북한의 장군이었고 중요한 비밀을 들고 남한에 내려왔다는 것은 '과대망상'이다. 그래서 자신이 중요한 비밀을 남한 정부에 알려줄까 봐 항상 검

[+]　무언가 결여되거나 저하된 듯한 증상. 무기력증, 감정의 둔화, 무논리증 등이 있다.

은 차들이 자신을 감시하고 있으며 국정원 요원들이 집 안에도 CCTV를 설치하고 옆집 남자가 자신이 비밀을 말하지 못하도록 죽일 것 같다는 생각을 하는 것은 '피해망상'이다. 이러한 피해망상 때문에 환자는 옆집 남자를 계속 의심하다가 갑자기 공격하기도 한다. 이럴 때 환자를 면담하면 옆집 남자가 자신을 노려보고 죽이려해 스스로를 지키기 위해 칼을 휘둘렀다고 말한다.

'환각'은 대상이 존재하지 않는데 본인 의지와는 상관없이 생기는 지각을 가리킨다. 조현병의 가장 대표적인 환각은 '환청'이다. 사람 말소리를 듣는 것이 일반적인데, 어떤 한 사람의 목소리일 수도 있고 여러 사람의 목소리일 수도 있다. 그리고 그중에서도 상당히 많은 환자가 지시하거나 욕하는 환청을 듣는다. 이런 경우에 당연하게도 환자는 힘들어한다. 누군가가 하루 종일 내 귀에 욕을 하거나 이상한 행동을 하라는 잔소리를 한다고 생각해보시길. 정말 견디기 힘들 것이다. 앞의 예에서 옆집 남자가 나를 죽이려 한다는 피해망상과 함께 그가 내 욕을 한다는 환청도 듣는다면 결국 적이라고 생각하는 상대를 공격하기에 이른다. 어떤 고등학생은 자살하라는 목소리를 끊임없이 듣다가 아파트 베란다에서 뛰어내려 목숨을 잃을 뻔한 일도

　　　　　: 모든 조현병이 위험한 것은 아니다

겪는다. 가끔은 기분 좋은 환청도 있다. 한 환자는 유명 연예인에게 사랑한다는 말을 하루 종일 들어서 혼자 계속 웃고 행복해하기도 했다.

마지막으로 계절에 맞지 않는 옷을 입고 다닌다든지, 웃어야 할 때 울거나 울어야 할 때 웃는다든지, 혼자 중얼거린다든지 등 여러 가지 부적절하고 특이한 행동을 보이는 것을 '와해된 행동'이라 부른다. 언젠가 회진을 돌 때 똬리 튼 수건을 머리에 모자처럼 쓰고 있는 할아버지 한 분이 계셨다. 왜 저러시느냐고 간호사에게 물으니 항상 머리에 전파가 들어와서 그것을 막기 위해 저런다고 했다. 이렇듯 환자가 보이는 와해된 행동은 대개 망상이나 환청 등 다른 증상과 연결되어 있다.

조현병 환자가 경험하는 망상이나 환각은 진짜가 아닌, 그들의 세계에서 겪는 가상의 상황이다. 하지만 그들이 경험하는 혼란스럽고 괴로운 감정들은 진짜다. 그들을 가상의 세계에서 벗어나게 하려고 정신과 의사들은 약을 주고 면담을 하며 그들의 감정을 들여다본다. 그리고 그 상황에서 빠져나오도록 손을 잡아 끌어당긴다.

정신과 의사 선배들과 농담 반, 진담 반으로 진료실에서 조

나의 무섭고 애처로운 환자들

현병 환자를 만나면 마음의 고향에 온 것 같다는 말을 한다. 정신과 의사로 지내며 오랜 세월을 들여다보았으니 다른 어떤 병보다 잘 알기도 하고 그 세월만큼 조현병 환자에 대한 공감도 쌓였기 때문이다. 대부분의 조현병 환자는 증상으로 힘들어하고 편견 때문에 고통받는 약자다. 정신분열병에서 조현병으로 이름을 바꾼 지도 벌써 9년째지만 우리 사회의 편견은 아직 사라지지 않았다.

조현병과 강력 사건

조현병은 대표적인 정신질환이다. 100명 중 한 명 꼴로 발병하기 때문에 생각보다 흔하고 그 증상 또한 다양해 많은 문제가 나타날 수 있다. 우리의 머릿속에 조현병 범죄를 각인시킨 사건은 2016년 강남역 살인사건이다. 사실 이 사건을 다루는 것이 매우 조심스럽다. 페미니즘 이슈가 있을 때마다 항상 이 사건이 언급되기 때문이다. 당시 피해자가 '여자이기 때문에' 일어난 살인사건이었기에 여성혐오에 대한 사회적 논란을 일으켰고, 다수의 언론이 이를 여성혐오 범죄로 보도했다. 대개의 정신과 의사에게 이 사건에 관해 묻는다면, 치료받지 않은 조현병 환자의 전형적인 피해망상으로 인한 살인사건이라고 답할 것이

나의 무섭고 애처로운 환자들

다. 왜 정신과 의사들은 이 범죄를 조현병 범죄라고 말하는 것일까?

이 사건의 가해자는 고등학교 때부터 사회에 적응하기 힘들어했으며 대학교에 진학했으나 결국 자퇴했다. 이후 공익근무요원으로 근무하며 야간에는 전문대학에서 수업을 들었다. 당시 함께 근무하던 동료에게 '여자들이 뒤에서 내 이야기를 한다', '여자들이 내 욕을 하는 것 같다'라고 토로했고 정신과에 가서 약물치료를 받았으나 잠이 너무 온다며 멋대로 복용을 멈췄다. 2009년경에는 밥도 안 먹고 집에서 누워만 지내다 조현병을 진단받고 입원치료도 받았다. 2015년부터는 증상이 악화되어 어머니에게도 '여자니까 말을 하지 말고 있어라'고 윽박지르고 손톱깎기에 새겨진 여자 그림만 보고도 '잡것들'이라고 욕했다. 이후 병원에 입원했다 증상이 좋아져서 퇴원하면 약을 먹지 않는 상황이 반복됐다. 2016년에는 '엄마가 자신을 감시한다'는 망상에 빠졌으며 다른 여성이 쳐다보기만 해도 '나에게 피해를 주려고 그런다', '내가 못생겨서 괴롭히려고 한다'는 피해망상에 점점 깊이 빠졌다. 결국 자신에게 피해를 준다고 착각한 '여성' 중한 명을 살해하기에 이른다.

: 모든 조현병이 위험한 것은 아니다

물론 '망상' 또한 사회적 산물이기에 여성에 대한 피해망상이 생긴 것을 여성혐오의 근거라고 볼 수 있다. 그러나 동시에 이 사건에서 간과해서는 안 되는 점은 가해자가 조현병을 진단받고도 상당 기간 치료를 지속하지 못했다는 것이다. 그리고 그후에 끔찍한 범죄가 일어났다.

2019년의 진주 방화 살인사건 또한 치료받지 않은 조현병환자가 저지른 범죄의 특징을 그대로 보여준다. 이 사건의 가해자인 안인득은 2010년에 처음 조현병으로 진단받았다. 군대 제대 후 여러 직장을 전전하다가 세탁기 조립 일을 했는데, 허리를 다쳤다. 산업재해로 인정받고 싶었으나 마음대로 되지 않았는데 그때부터 회사 사람들이 자신을 쫓아다니며 감시하고 방해하고 있다는 피해망상이 시작되었던 것으로 보인다. 집을 나와 가족과도 거의 연락을 하지 않고 승합차에서 먹고 자며 생활하다가 길 가던 사람이 자신을 기분 나쁘게 쳐다보았다는 이유로 말싸움을 하던 중 피해자의 목에 칼을 들이대고 욕을 한 사건으로 국립법무병원에 정신감정이 의뢰됐고, 안인득은 다시한 번 조현병으로 진단받았다. 이 사건으로 보호관찰 3년 처분을 받았으며, 이 기간 동안 조현병에 대한 약물치료와 입원치료가 이루어졌다. 보호관찰 3년 동안 그는 아무런 문제도 일으키지 않았다. 그러나 보호관찰이 끝나자 치료도 끊겼고 피해망상이 재발했다. 이번에는 그 대상과 범위가 진주시의 공무원과 자신의 아파트에 살고 있는 사람들로 늘어났다. 그러고는 적들이 더 이상 자기를 괴롭히지 못하도록 불을 지르고 칼로 찌르는 끔찍한 사건을 저질렀다.

: 모든 조현병이 위험한 것은 아니다

범죄를 막는 방법

2019년에 언론은 치료받지 못한 조현병 환자가 저지른 범죄를 유독 많이 보도했다. 부산에 살던 조현병 환자 D 또한 자신을 돌보러온 누나를 살해했다. D는 29세에 조현병을 진단받고 전국의 여러 병원을 돌며 입원치료를 받았다. 마지막으로 입원한 병원에서 2018년 봄에 퇴원한 이후 집에서 혼자 지냈는데, 2019년 1월경부터는 수도에서 농약물이 나와 목욕도 할 수 없고 물도 마실 수 없다며 고통을 호소했다. 그러던 어느 날 집에 온 누나가 자신에게 농약 탄 물을 마시라고 했다고 착각해 누나를 살해하기에 이른다. 당시 상황을 보면 누나가 치료를 위해 입·퇴원을 여러 차례 시켰는데, 그 과정에서 D가 힘들어했고

나의 무섭고 애처로운 환자들

누나를 원망했던 것으로 보인다. 결국 D는 증상이 악화되어 자신을 가장 잘 챙겨주고 도와주던 누나에 대한 피해망상이 심해져 사건을 저질렀다.

비슷한 시기에 언론에 나왔던 사건이 하나 더 있다. 만 18세 소년이 자신의 위층에 살던 74세 할머니를 살해한 사건이다. 이 사건의 가해자 E는 고등학교 입학 이후 친구들과 뇌가 섞여 힘들다는 생각을 했고 2017년경에 휴학하고 주로 집에서만 지냈다. 자꾸 뇌가 공격을 받는 느낌이 들어 괴로워하던 중에, 위층 할머니의 뇌가 자신의 뇌와 연결되어 있어 온몸의 뼈가 부서지고 있다는 생각이 들어 자주 위층 할머니에게 소리를 질렀다. 그러다 위층 할머니를 죽이면 자신의 뇌가 원래대로 되돌아갈 것이라 생각하고 식칼을 허리에 숨긴 채 할머니를 찾아가 "죄송해요"라는 말 한마디를 남기고 살해했다. E는 할머니가 돌아가신 후에도 자신의 뇌와 할머니의 뇌가 계속 연결되어 있어 할머니에게 미안한 마음이라고 했다.

망상은 환자들의 일상적인 행동을 넘어 삶 전반에 영향을 미친다. 조현병 환자가 하루 종일 망상에 사로잡혀 행동하는 것은 아니지만 이들에게 있어 망상의 영향력은 상당히 크다. 의사

: 모든 조현병이 위험한 것은 아니다

입장에서도 망상 내용은 환자의 다음 행동을 예측하는 데 도움이 되기 때문에 매우 중요하다. 환자의 망상 내용은 환자에게는 행동의 이유와 동기이자, 행동을 정당화하는 근거다. 앞에서 언급했던 조현병 환자들의 사건을 보아도 대부분 자신의 망상을 근거로 적을 만들고, 그 적에게서 자신을 지키기 위해 결국 범죄를 저지른다는 사실을 알 수 있다.

조현병 환자가 강력 범죄만 저지르는 것은 아니다. 내가 감정했던 환자 F는 사기죄로 구속됐다. 국립법무병원에 와서 처음 알게 된 사실인데 사기죄에는 택시를 타거나 식당에서 밥을 먹고 돈을 내지 않은 행동 등이 모두 포함된다고 한다. F도 그런 경우였다. 경기도 외곽에서 서울 중심부까지 택시를 타고 이동한 후 돈을 내지 않아 사기죄로 입건되었다. 면담하면서 이유를 물어보니 자신이 중요한 비밀을 알고 있는데 이것을 꼭 국정원에 알려야 하기 때문에 이상한 검은 차를 피해서 택시를 타고 서울까지 갔다고 했다.

이처럼 조현병 환자의 범죄는 이상한 물건을 훔치라는 환청을 듣고 물건을 훔쳐 절도죄로 온 경우, 자신이 대통령 비서실장이라는 과대망상에 사로잡혀 정치 집회에 참석했다가 경찰에

나의 무섭고 애처로운 환자들

대항해 공무집행방해죄로 온 경우, 옷을 벗고 다리를 한쪽씩 들어야 살 수 있다는 생각에 휩싸여 하필 미성년자 여학생 앞에서 옷을 홀떡 벗어 공연음란죄로 온 경우 등으로 다양하다.

국립법무병원에는 조현병 환자 비율이 높다. 세상을 놀라게 한 강력 범죄자도 있지만 경범죄자도 상당히 많다. 이들을 만날 때마다 제대로 치료를 받았더라면, 범죄를 저지르기 전에 병원에 입원할 수 있었더라면 이렇게 내 앞에 앉아 있지 않았을 텐데 싶은 생각이 든다. 조현병 환자가 치료받지 않았을 때 증상의 끝에서 만나는 것이 범죄다. 모든 범죄는 그것이 가볍든 그렇지 않든 일어나서는 안 된다. 그러나 우리는 조현병 환자의 범죄를 막는 법을 잘 알고 있다. 바로 그들이 적기에 제대로 된 치료를 받는 것이다.

: 모든 조현병이 위험한 것은 아니다

부수기 어려운 태산 같은 망상

조현병 환자에게서 자주 목격되는 범죄는 존속살해다. 처음 정신감정을 위해 피감정인이 국립법무병원에 입원하면 검사 병동의 간호사들이 먼저 면담하고 담당 의사에게 전화로 연락한다. 그때 피감정인의 범죄명, 현재 상태, 과거 진단받은 병력을 간단하게 이야기해주는데, 보통 범죄명이 '존속살해'라고 하면 의사들이 되묻는 말이 있다.

"조현병인가요?"

그러면 경력이 많은 간호사들은 당연한 듯 그렇다고 하는데 신규 간호사들은 흠칫 놀란다.

"어떻게 아셨어요?"

나의 무섭고 애처로운 환자들

그동안의 경험으로 존속살해로 병원에 온 피감정인은 대부분 조현병이었다. 그래서 전화로 으레 조현병이냐고 묻는데 슬프게도 여태까지 한 번도 틀린 적이 없다.

연구 결과에 의하면 살인을 저지른 조현병 환자의 범행 대상은 주로 친부모이고 그중 어머니가 32.3퍼센트로 가장 높은 비율을 차지한다. 그 이유는 쉽게 유추할 수 있다. 환자와 가장 가깝게 지내면서 환자의 생활 태도에 대해 잔소리를 하고 또 때가 되면 억지로라도 약을 챙겨 먹이려고 하기 때문에 환자와 마찰이 생길 소지가 가장 많다.

내가 조현병 환자의 존속살해에 대해서 다시 한 번 고민하게 된 계기는 G의 주치의를 하면서부터였다. G는 오랫동안 국립법무병원에 입원 중인 조현병 환자다. 어렸을 때는 공부도 잘하고 부모님의 농사일도 돕던 착한 아들이었다. 그러다가 군복무를 하며 오랫동안 괴롭힘과 구타를 당했는데, 군 제대 이후부터 집 안에서만 지내면서 몸에 기운이 없다고 하더니 잠도 안자고 산속을 돌아다니는 기행을 일삼았다. 아버지나 할머니를 발로 걷어차고 동네 아이들을 때리며 문제를 일으키다가 결국 조현병으로 진단받고 입·퇴원을 반복했다. 퇴원 후 약을 먹지 않

: 모든 조현병이 위험한 것은 아니다

던 어느 날, G는 어머니가 준 밥에서 이상한 냄새가 난다고 느꼈다. 순간 독을 탔다는 생각이 들면서 화가 치밀더니 친엄마가 아니라는 의심이 들었고, 결국 그날 밤 어머니를 살해해 정신감정을 받고 입원했다.

내가 국립법무병원에 오면서 G의 주치의를 맡았다. G는 평소에는 조용히 혼자 지내고 말수가 별로 없었다. 면담실에서도 긴 이야기를 하지 않았다. 오랫동안 공을 들여 라포(rapport)를 쌓으려 노력하던 어느 날, G가 먼저 나에게 면담을 요청했다. 면담실에 앉자 G는 어머니가 그립다는 말을 꺼냈다. 어머니를 생각하면 눈물이 난다고 했다. 그래서 혹시 증상이 안정되어 어머니에 대한 망상을 인지하게 된 것인지 물었더니 자기가 어머니를 때리고 돌아가시게 한 것은 다 그만한 이유가 있어서라며 표정이 돌변하는 것 아닌가. 어머니가 자기를 죽이려고 음식에 독만 타지 않았어도 그런 일은 없었을 거라는 말도 덧붙였다. 얼굴이 붉으락푸르락한 채 그런 이야기를 하는 G를 보니 말문이 막혔다. 나는 이 환자에게 과연 무엇을 해줄 수 있을까. G의 망상은 옅어진 듯했지만, 그 핵심 내용과 감정은 고스란히 남아 있었다. 너무나 공고해 쉽게 바뀔 만한 것이 아니었다. 정신과

나의 무섭고 애처로운 환자들

의사로서 다시금 치료의 한계를 느끼는 순간이었다. 입원 이후 10년 동안 단 한 번도 약을 중단한 적이 없었고 세밀하게 조절해가며 먹였는데, 대체 망상이란 얼마나 끈질기고 부서질 수 없는 태산 같은 것인가.

정신과 의사의 치료 지침 중에는 환자와 망상에 대해서 이야기할 때의 태도에 관한 것도 있다. 망상을 인정하지도 말고, 그렇다고 부정하지도 말라는 것이다. 망상을 인정하면 환자의 잘못된 믿음에 동조하는 셈이라 치료에 도움이 되지 않고, 망상을 부정하면 의사가 자신의 말을 무시하고 믿지 않는다며 환자가 의사에 대한 신뢰를 저버리게 되기 때문이다. 망상 때문에 환자가 겪고 있는 혼란스러운 상황, 괴로움과 불안감은 거짓이 아니다.

그 이후에도 G는 가끔 어머니 이야기를 한다. 자기가 어머니에게 더 잘했어야 했다고는 하지만 결국 마지막엔 어머니가 자기 밥에 독을 탄 것은 잘못이라는 말로 끝맺는다. 벌써 사건이 일어난 지 10년째지만 G는 어머니가 적이었던 세상에서 빠져나오지 못하고 있다. 치료자로서 속이 상하고 무릎이 꺾이기도 하지만 G가 일상생활을 회복할 때까지 치료를 포기할 생각은 없다.

2019년 12월 31일 기준으로 국립법무병원에서 죄명이 '살인'인 환자 수는 1012명 중 336명으로 전체 비율에서 33.2퍼센트를 차지한다. 그리고 이들 대부분이 조현병 환자다. 과거의 여러 연구에 따르면 범죄를 저지른 조현병 환자가 범행 당시 정신병적 증상에 직접적으로 영향을 받은 경우가 65퍼센트 이상이다.

예전에는 조현병 환자의 범죄율이 높지 않다는 연구 결과가 많았다. 그러나 최근에는 치료받지 않은 조현병 환자의 경우에는 강력 범죄 발생율이 높다는 연구 결과도 있다. 또 다른 연구에 의하면 조현병 환자의 살인 범죄는 약 600명당 한 명꼴로 발생하는데 대부분 발병 후 첫 치료를 받기 전에 일어난다고 하고, 치료를 받은 후에는 범죄 위험성이 93퍼센트 감소한다고 한다. 호주의 한 연구 결과도 처음 발병한 조현병 환자의 30퍼센트가 폭력적 범죄 행동의 과거력이 있고, 이러한 범죄를 예방하기 위해서는 조현병을 조기 발견하고 제때 치료하는 시스템이 필요하다고 보고한다. 유럽에서는 1990년부터 정신질환자의 강제입원이 인권을 침해한다는 분위기가 우세해 정신병원 병상 수가 계속 감소했다. 그러나 아이러니하게도 정신과 병상 수가 감소하는 것과 맞물려 범죄를 저지른 정신질환자를 수용하는 치료감호 병상 수는 증가했다. 미국에서도 정신병원 입원이 까다로워진 이후에는 살인사건 수가 증가했는데, 정신과 입원 치료의 필요성이 다시 대두되면서 살인사건이 감소하는 경향을 보였다.

이 모든 이야기의 결론은, 결국 제때에 치료받지 않은 조현병이 폭력적인 범죄의 증가와 깊이 연관이 있음을 시사한다. 벌써 여러 번 강조했지만, 모든 조현병이 위험한 것은 아니다. '치료받지 않은' 조현병은 위험할 수 있다. 치료받은 또는 치료 중인 조현병은 위험하지 않다.

: 모든 조현병이 위험한 것은 아니다

11

기분의 병과 범죄

조울증이 힘든 이유

열한 살 딸이 항상 나에게 하는 말이 있다.

"왜 엄마는 기분이 왔다 갔다 해?"

그러면 나도 딸에게 말해준다.

"너도 맨날 웃었다 울었다 하잖아."

아이들을 키우다 보면 하루에도 몇 번씩 예뻐 죽겠다가도 말을 안 들으면 세상에 이런 웬수가 없다. 그래서 뽀뽀해달라고 쫓아다니면서 애정을 갈구하다가도 어느 순간 화를 내면서 엄마 말 안 들을 거냐고 소리를 지른다. 아이 키우는 엄마의 기분만 하루에 여러 번 요동치는 것은 아니다. 사람은 누구나, 하루에도 몇 번씩 기분이 바뀐다.

: 기분의 병과 범죄

좋은 일이 생기면 기쁘고 나쁜 일이 생기면 짜증나고 슬픈 일이 생기면 눈물이 난다. 기분이 이랬다저랬다 하는 것은 누구나 당연히 겪는다. 하지만 그 정도가 너무 심하다면? 기분 변화 때문에 일상생활이 힘들다면? 기분이 너무 과도하게 들뜨거나 너무 가라앉아서 삶에 지장을 받는다면? 이런 것들은 모두 '기분의 병'이라 볼 수 있다.

기분의 병에는 대표적으로 조울증과 우울증이 있다. 조울증은 양극성 정동장애라고도 불리는데, '조증'의 시기가 반드시 존재한다. 우울증인 상태는 나타날 수도 있고 안 나타날 수도 있다.

조증 증상은 흔히 아는 것처럼 기분이 매우 과도하게 좋고, 자신이 위대한 사람이 된 것처럼 느껴지고 생각이 너무 많아서 아이디어가 넘치는 것이다. 주의가 산만하며 행동이 대범하고 잠을 자지 않아도 전혀 피곤함을 느끼지 못한다. 하지만 모든 조증 환자가 과도하게 들뜬 기분을 느끼는 것은 아니다. 사람에 따라 차이가 있는데 어떤 경우엔 짜증과 신경질, 적대적인 감정을 드러내기도 한다.

조증 상태에서는 에너지가 과도하게 넘치기 때문에 활동

이 활발해지고, 듣는 사람이 지칠 정도로 말도 굉장히 많아진다. 말을 너무 많이 해서 목이 쉬기도 하고, 말투도 엄청나게 빨라져서 잘 알아듣지 못하는 경우가 많다. 생각도 빨라지기 때문에 이른바 '사고가 날아다닌다'고 표현하는 사고의 비약도 나타난다. 또 사고의 주제나 사람에 대한 관심도 자주 바뀌어서 동시에 여러 가지 일을 벌인다. 하지만 판단력이 떨어지기 때문에 주변에서 볼 때 여러 문제로 좌충우돌하는 느낌이 든다.

소비 활동도 늘어나는데 예를 들어 값비싼 보석이나 불필요한 장신구, 외제차를 산다거나, 평소에 안 하던 도박을 하거나 사업을 한다며 일을 벌인다. 이렇게 계획 없이 가진 돈을 펑펑 쓰거나 사채를 빌리는 일까지도 서슴지 않기 때문에 가족과도 사이가 틀어진다.

의대 본과 3학년 시절, 정신과 실습을 나갔을 때 일이다. 설레는 마음을 안고 병원 휴게실에 앉아 있는데 말끔한 남자 환자가 굉장히 친절하게 말을 걸었다. 실습 첫날이라 좀 어색하기도 하고 긴장도 됐는데 누군가 말을 걸어주니 괜히 반가웠다. 그는 토지 쪽 일을 하는 공무원이라고 자신을 소개하더니 땅에 투자해서 돈을 많이 벌었다는 이야기를 끝도 없이 늘어놓았다. 그때

: 기분의 병과 범죄

는 아직 학생인데다 어리고 순진했던 터라 신기한 마음에 이야기를 계속 들어줬는데, 마지막엔 나에게 여윳돈이 있으면 자기랑 같이 땅에 투자해보자고 조르는 것 아닌가. 당황스러워서 이러지도 저러지도 못하고 있는데 다행히 담당 주치의가 나타나 그를 데려갔다. 나중에 이야기를 들어보니 그 환자는 실제로 유명 사립대를 졸업하고 행정고시에 합격한 5급 공무원이었다. 홀어머니를 모시고 성실하게 살았는데 한 달 전부터 기분이 방방 뜨고 잠을 자지 않아도 전혀 피곤하지 않다며 의기양양해했다. 그리고 자꾸 부동산에 돈을 투자했고 직장에서도 일은 제대로 안 하면서 땅을 사라고 주위 사람을 부추겼다. 보다 못한 직장 상사가 차분하게 일하라고 한마디 했더니 상사에게 욕설을 내뱉어 회사를 발칵 뒤집어놓았다. 결국 어머니가 병원에 데리고 왔고 조증 상태라고 진단받아 입원치료가 결정됐다.

이처럼 조증 상태가 심할 때 환자는 자신이 벌인 일들로 인해 가정 경제가 어려워지거나 직장에서 해고되는 등 일상생활 전반에서 곤란한 문제를 겪는다. 내가 주치의를 맡았던 한 여성 조증 환자는 사업을 하겠다며 남들이 거들떠보지도 않는 망해가는 건물의 100평 상가에 무리하게 투자를 했다가 빚을 어마어

나의 무섭고 애처로운 환자들

마하게 지고 이를 견디다 못한 남편에게 이혼소송까지 당했다.

조증 상태일 때 가장 위험한 증상 중 하나는 성욕 항진이다. 뇌졸중으로 쓰러진 적이 있어 한쪽 팔다리에 편마비가 있던 70대 할아버지 환자는 40대부터 우울증을 몇 차례 앓았는데 뒤늦게 조증 증상을 보여 조울증 진단을 받았다. 자식들 말로는 그 전에는 거동이 불편해 외출도 자주 안 하고 가벼운 산책만 하고 지내셨다고 했다. 그런데 조증 증상이 생기니 뜬금없이 비싼 오토바이를 구입하고 편마비가 있는 불편한 몸으로 그걸 타고 다니면서 동네 여성들을 희롱하고 다녔다. 자식들이 놀라서 부랴부랴 병원에 입원시켰는데 병원에서는 간호사뿐 아니라 주치의인 나에게도 병실에만 들어오면 손을 잡으려 하고 자꾸 자기랑 살자며 추파를 던지는데 참 난감했다.

10년 동안 큰 문제없이 결혼생활을 잘해오던 30대 여성도 비슷했다. 조증이 발병하자 그동안 관심도 없었던 춤 동호회에 가입하고 매일 춤에 빠져 살았다. 그리고 그곳에서 사귄 남자 친구에게 외제차와 명품을 사다 바쳐 이혼 위기에 처하기도 했다. 가족들은 사람이 180도 바뀌자 병원에 데려왔고 결국 조울증 진단을 받아 입원했다. 조증이 심하면 입원 후 상태가 좋아

: 기분의 병과 범죄

질 때까지 시간이 좀 걸린다. 그동안은 보통 자기는 병이 없는데 강제로 왔다, 당장 퇴원시키지 않으면 가만두지 않겠다고 협박하고 난리가 난다. 이 여성도 병동에서 퇴원하겠다고 난동을 부리다가 물건을 던져서 휴게실에 있는 큰 TV를 부숴버렸다. 최신 사양에 크기도 커서 수리비가 백만 원 이상 나온다고 했는데도 전혀 개의치 않고 자기는 돈이 많으니 이번 기회에 병원에 있는 TV를 싹 바꾸어주겠다며 큰소리치던 모습이 아직도 생생하다.

이렇게 모든 면에서 행동이 과도해지고 의욕이 넘쳐 크고 작은 문제를 일으키며 다른 사람에게 간섭도 심해져 가족이나 친구, 동료 들과 갈등이 생긴다. 또 사나흘 잠을 자지 않아도 전혀 피곤함 없이 활동하기 때문에 신체적으로도 탈진하고 밥도 제대로 먹지 않아 살도 빠져 건강이 나빠지기도 한다. 이러한 모든 문제 때문에 심한 조증 상태의 환자에게는 안전을 위해 반드시 폐쇄병동에서의 입원치료를 권한다.

나의 무섭고 애처로운 환자들

조울증 환자가 저지르는 범죄들

최근에 우리 병원에서 감정을 받은 B는 바이올린을 전공하는 대학생이었는데, 일주일 전부터 잠을 자지 않아도 피곤하지 않았다. 사흘간은 바이올린이 너무 재미있어서 밥도 먹지 않고 집에도 가지 않고 학교에서 밤새도록 연습에 몰두했다. 걱정된 여자 친구가 밥을 같이 먹자며 자취방에 불렀는데, 여자 친구와 함께 있는 동안 B의 기분은 걷잡을 수 없이 고조됐다. 급기야 자신은 신처럼 모든 것을 통제할 수 있는 위대한 사람이라면서 옷을 마구 벗더니 나체로 여자 친구의 집 주변을 돌아다니다 공연음란죄로 경찰에 붙잡혔다.

피감정인 C도 처음부터 참 시끌벅적하게 등장했다. 병동에

: 기분의 병과 범죄

들어올 때부터 병원 사람들을 아랫사람 부리듯이 하대하고 자기 몸에 손대면 큰일 날 줄 알라면서 떵떵거리기에 모두가 '저 사람은 조증 상태구나' 확신할 정도였다. C는 자신은 법관이 될 사람이라면서 아무개 판사들과 매우 절친한 사이라고 떠벌렸다. 사건 기록을 보니 C의 재판을 담당한 판사들 이름이었다. 조증이라 사고가 과대해져서 판사들이 자신을 도와주는 친구들이라고 생각한 것이다. C의 죄목은 폭행죄였는데, 부동산에서 사기당한 것이 너무 분해 동네 주민들의 뺨을 때리고 다니다 고소를 당했으며 화가 나서 맞고소하기 시작했다고 자랑스럽게 말했다. 그리고 법원 앞에서 억울하다면서 소리를 지르고 욕을 했는데 자기가 한 건 아주 당연한 일이고 오히려 자기를 방해한 경찰들이 나쁜 놈이라며 면담 중에도 갑자기 흥분했다.

젊은 사람만 이런 건 아니다. 내가 주치의를 했던 D 할머니는 기분이 좋아지면 자꾸 정치 집회에 참석하는 사람이었다. 국립법무병원에 치료받으러 온 것만 해도 벌써 세 번째였다. 할머니는 30대부터 조울증을 앓았는데 조증 상태가 되면 여기저기에 투자하는 나름 부동산 큰손이었다. 그런데 언젠가부터 증상이 안 좋아질 때마다 자꾸 정치 집회에 나가서 아무 관련도 없

나의 무섭고 애처로운 환자들

는 사람을 욕하면서 때렸다. 이번에도 약을 먹지 않고 지내다가 광화문 집회에 참가했는데 거기서 세월호 유족을 보고는 갑자기 욕을 하며 뺨을 때려 또다시 국립법무병원에 와서 치료를 받게 되었다. 대다수의 조울증 환자가 그렇듯이 내가 할머니의 주치의가 되었을 때는 벌써 증상이 좋아진 상태여서 그렇게 점잖을 수가 없었다. 그리고 할머니가 조증 상태일 때 투자한 아파트들이 생각보다 수익률이 좋았는지 돈도 많이 벌어서 가족들이 할머니를 그리 귀찮아하지 않고 돌보려 해서 다행이었다. 하지만 할머니가 퇴원한 뒤 또 약을 먹지 않으면 비슷한 일이 또 생길 텐데 걱정은 된다.

: 기분의 병과 범죄

진정한 반성은 꾸준한 치료뿐

조울증은 조현병과는 전혀 다른 병이다. 병의 경과에 큰 차이가 있다. 조현병은 점점 만성화되고 인격이 황폐화되는 경향이 조금 더 높은 반면, 조울증은 삽화적으로 나타나기 때문에 일정 기간이 지나면 언제 그랬냐는 듯이 원래 상태로 돌아온다. 그래서 사건을 저질렀을 때에는 과도하게 흥분해 주변 사람을 못 알아볼 정도로 증상이 심하지만, 막상 진단을 받고 구치소에서 약물치료를 시작한 후 국립법무병원에 입원하러 올 즈음이면 많이 좋아진다. 그래서 입원 후에 면담하면 자신이 저지른 사건에 대해 후회를 많이 하곤 한다.

E는 20대 초부터 조울증으로 진단받았고 여러 차례 정신과

나의 무섭고 애처로운 환자들

에 입원하기도 했다. 학교 선생님이었지만 약을 먹다 안 먹다 해서 조증이 재발하면 방학 때 세계 여행을 떠났고 우울증이 생기면 자살 생각에만 몰두하면서 지냈다. 그러다가 40대가 되어 뒤늦게 결혼하고 아들을 낳았는데 아내에게 약 먹는 모습을 보여주기 싫어서 약물을 중단하고 1년을 지냈다. 약을 먹지 않으니 점점 기분이 예민해지고 작은 일에도 화를 반복해서 내더니 돈을 벌겠다며 주말에도 학교에 나가서 일하곤 했다. 하지만 계속 생활비를 주지 않자 견디다 못한 아내가 어느 날 E에게 제발 빌린 돈을 갚게 돈을 좀 달라고 말했다. 증상이 점점 악화되는 중이던 E는 자신의 아내는 진짜 아내가 아니며 자신은 세상을 지배하는 사람이기 때문에 아내를 죽여 구원해야겠다고 생각했다. 그리고 결국 일곱 살 아들이 보는 앞에서 아내를 칼로 찔러 살해했고 징역 15년형을 선고받았다.

E는 입원 초에도 증상이 남아 있어 자신은 매우 위대한 사람이라 세계의 모든 이들과 소통할 수 있다며 의기양양했다. 그 후 3년간 꾸준히 약물치료를 한 결과, 지금은 증상이 호전되어 병동에서 별 문제없이 지내고 있다. 최근에 E와 단둘이 이야기할 기회가 있었다. E는 아들 걱정에 한숨을 쉬더니 15년 뒤 퇴

: 기분의 병과 범죄

원했을 때 과연 아들 얼굴을 볼 수 있을지 모르겠다며 서글픈 표정을 지었다.

F 또한 후회와 좌절에 휩싸인 채 살아가는 조울증 환자다. 20대 중반에 조울증을 진단받았고, 여러 차례 입원도 하고 병식이 있어서 비교적 약을 꾸준하게 먹었다. 하지만 스트레스를 받고 며칠 잠을 못 자면 조증 증상이 재발하곤 했는데 사건 당시가 딱 그랬다. 사업이 좀 어려워지면서 며칠 잠을 자지 못했고 덜컥 겁이 나서 제 발로 병원에 갔다. 진료 후 담당 의사가 이러다가 갑자기 악화될 수 있으니 입원하라고 권유했지만, 그냥 외래로 다녀보겠다고 하고 집에 왔다. 그런데 그날 저녁, 아내가 자신을 공격하는 악마처럼 보였다. 흥분한 F는 아내를 마구 때리고 옷을 벗겨 쫓아내 폭행죄로 붙잡혔다. 정신감정을 할 때도 자기가 집에 들어온 악마를 쫓아냈다며 호기롭게 말했다. 재판이 끝나고 국립법무병원에 왔을 때는 조증 삽화가 지나가고 차분해진 상태였다. 이제 F는 면담 때마다 앞으로 어떻게 살아가야 할지 모르겠다며 힘들어한다. 이 사건으로 아내와는 결국 이혼했는데, 아내에게 진심으로 미안하다면서 어떻게 해야 용서를 빌 수 있을지 고민을 자주 한다.

나의 무섭고 애처로운 환자들

조울증 환자는 증상이 나아진 뒤, 조증 상태일 때 저지른 실수나 잘못을 크게 후회하며 좌절하곤 한다. 물론 이들이 가장 먼저 할 일은 잘못을 반성하고 피해자에게 진심으로 사죄하는 것이다. 동시에 좌절과 후회에서 끝내지 않고 무너진 마음을 돌보며 회복하는 일도 필요하다. 사건이 발생하기 전에 제때 치료를 받았다면 더없이 좋았겠으나, 지금이라도 치료받기를 멈추지 않았으면 한다. 진정한 반성은 꾸준한 치료뿐이다. 치료가 없다면 반성과 속죄도 없다.

면담만으로 우울증이 좋아지지는 않는다

우울증은 가장 대표적인 기분의 병이다. 우리는 우울하다는 표현을 일상생활에서 자주 쓴다. 그러나 이런 정도의 기분은 병적인 것이 아니라 대개는 일시적인 현상이다. 정신과에서 이야기하는 우울한 상태는 사고의 형태, 흐름, 내용, 동기, 의욕, 관심, 행동, 수면, 신체 활동 등 전반적인 삶의 기능 모두가 저하된 것을 말한다.

"네가 의지가 없어서 그렇게 누워만 있는 거야"라는 말을 듣고 큰 상처를 받았다는 어느 우울증 환자 얘기를 들은 적이 있다. 그러나 의지가 없어서 누워만 있는 것이 아니라 누워만 있을 정도로 삶에 대한 의지가 생기지 않는 것이 이 병의 증상이다.

나의 무섭고 애처로운 환자들

우울증 상태일 때는 어떤 기분도 느끼지 못하고, 행동도 느려진다. 기분이 쓸쓸하고, 무덤덤하고, 무기력하고, 비관적인 상태가 된다. 즐거운 것이 별로 없고 삶이 무의미하다. 우울증으로 면담을 하면 환자들은 대개 '몸이 너무 처지고 늘어지고 땅속으로 들어가는 것 같다, 힘이 없다, 피곤하다'라고 이야기한다. 그러다가 과민해지기도 하고 분노를 느끼기도 하며 불안과 의심이 커진다. 우울증 기간 동안 정신운동이 느려지기 때문에, 환자들은 자신의 증상을 '두뇌 회전이 잘 안 되고 머리가 멍해서 멍청해진 것 같다'라고 표현한다. 그리고 가장 위험하고 흔한 증상이 자살 사고다. 자살은 정신과 의사들이 가장 두려워하는 증상이다. 정신질환 자체가 사람의 생명을 앗아가지는 않지만, 정신질환의 증상 중 하나인 자살로 환자를 잃을 수 있기 때문이다.

우울증은 정신과 외래에서 만나는 가장 흔한 질병 중 하나다. 감기에 걸리면 내과나 이비인후과를 가서 치료받는 것처럼 우울하고 잠이 오지 않으면 정신과에 와서 진료를 받아야 한다. 내가 외래에서 만났던 우울증 환자들도 적절한 용량의 항우울제와 30분의 면담만으로 기운내고 돌아가는 경우가 참 많았다. 약이나 상담이 효과를 발휘한 것도 있겠으나, 한편으론 누군가

　　　　　　　　： 기분의 병과 범죄

에게 자신이 살아온 이야기를 하는 것 자체가 스스로에게 위로가 되었으리라 생각한다.

A 할머니도 그런 분이었다. 첫 진료 때는 대학병원 수간호사로 일하는 큰딸이 모시고 왔는데, 요즘 어머니가 너무 기운도 없고 식사도 거의 못 하시고 잠도 잘 못 주무셔서 걱정이라는 이야기를 한참 하는 동안 할머니는 말없이 앉아 계셨다. 단순한 질문에도 기력 없이 겨우겨우 대답하셔서 첫 번째 진료 때는 간단하게 면담하고 약을 처방해드렸다. 두 번째 외래부터는 혼자 오셨는데 잘 지내셨냐고 안부를 물으니 작은 목소리로 기운 없이 대답을 하시기에, 딸이 대학병원 수간호사니 얼마나 든든하시냐, 딸을 그리 잘 키우시다니 대단하시다는 말씀을 드렸더니 살짝 웃으셨다. 그러고는 자랑 반 푸념 반, 자신이 열심히 일하는 딸 대신 손자 셋을 기르며 그동안 고생하신 이야기를 풀어놓으셨다. 그렇게 몇 번 외래에 오셔서 힘들었던 일, 속상했던 일, 기뻤던 일 등 살아온 이야기를 하고 싶은 만큼 하시고 처방해드린 항우울제를 6개월 정도 꾸준하게 드시더니 다시 기운을 차리고 좋아지셨다. 내가 훌륭한 의사여서 할머니가 좋아졌다기보다는 속내를 털어놓을 상대가 없었던 차에 진료실에서 속 이

나의 무섭고 애처로운 환자들

야기를 하실 수 있었고 또 적정한 용량의 항우울제를 꾸준하게 드셨기 때문에 우울증이 치료된 것이리라. 사실 약물 없이 면담만으로 우울증이 좋아지기는 어렵다. 그리고 꾸준한 면담 없이 그냥 약만 먹는 것도 진정한 치료가 아니다. 두 가지가 적절하게 이루어져야 우울증은 치료된다.

: 기분의 병과 범죄

우울증 상태에서 범죄가 가능할까?

국립법무병원에 근무하기 전에는 우울증 환자가 범죄를 저지르는 상황이 쉽게 상상이 되지 않았다. 조증 상태에서야 워낙 머릿속에서 생각이 날아다니고 현실 판단력도 떨어지기 때문에 범죄를 저지를 가능성이 높지만, 내가 만난 우울증 환자는 대부분 무기력하고 기운이 없어 집 밖에 나오는 것도 힘들어하기 때문에 '우울증 상태에서 무슨 범죄를 저지르지' 하는 생각이 들었다. 그러다가 G를 만나고 조금 생각이 달라졌다.

병동에서 항상 차분하게 남을 돕고 열심히 생활하는 G는 대부분 조현병이나 경도지적장애 환자들이 많은 병동에서 보기 드문 우울증 환자다. 아무래도 경도지적장애 환자나 정신병적

나의 무섭고 애처로운 환자들

증상이 눈에 띄는 조현병 환자는 일상생활의 기능이 저하되었기 때문에 여러 가지 활동에서 완성도가 낮기 마련이다. 하지만 그에 비해 조울증이나 우울증 환자는 증상이 호전되면 원래 상태로 돌아오기 때문에 나름대로 여러 가지 활동을 잘해낸다.

G는 성실한 아버지이자 대기업에 다니던 건실한 직장인이었다. 꼼꼼하고 차분한 성격이라서 회사에서 인정도 받았다. 두 아들과 부인에게도 다정한 아버지이자 남편이었다. 그러다 믿었던 후배가 하던 사업에 거금을 투자했는데 후배는 파산했고 금전적인 손해에 대해 G도 같이 책임을 지게 되면서 힘들어졌다. 그 뒤로 잠도 자지 못하고, 모든 일에 기운이 없고, 불안하고, 밥맛이 없어졌다. 직장에서도 일에 집중하지 못했다. 보다 못한 가족들이 휴직을 권해 병가를 내고 몇 개월간 쉬었다. 정신과에 찾아가서 약도 처방받았다. 처음보다는 많이 좋아졌지만 여전히 G는 충격에서 헤어나지 못했다. 하지만 가장인지라 직장을 계속 쉴 수는 없었다. 휴직 기간이 끝나 복직할 날이 다가오자 G는 '또다시 직장에 가서 일을 잘할 수 있을까?' 하는 생각에 불안해졌다. G가 안절부절못하는 모습을 보이자 참다못한 아내가 핀잔을 주었다. "남자가 돼서 대체 왜 그러느냐." 그 말은

불안해하던 G를 자극했다. G는 순간 불같이 화를 내면서 아내에게 덤벼들어 목을 졸랐다.

G는 이 사건으로 정신감정을 받는 과정에서도 우울증 증상 때문에 힘들어했다. 의사의 질문에 바로 대답하지 못했고 병실에서도 거의 누워만 지냈다. 자신의 기분이나 생각도 잘 설명하지 못했다. 우울감과 죄책감에 시달렸고 할 말이 있는 듯 보였으나 제대로 말을 이어나가지 못했다. 모든 행동이 느렸는데 이것 때문에 또 안절부절못했다. 결국 G는 징역 5년형과 치료감호형을 선고받고 입원치료를 하게 되었다. 충분한 기간 동안 항우울제를 복용하면서 상태가 호전됐고 국립법무병원에 온 지 7년째에 퇴원했다.

우울증 중에 좀 특별한 종류가 하나 있다. 바로 산후우울증이다. 보통 산후우울감(postpartum blue)은 많이들 겪는데 나도 첫째 아이를 출산하고 경험했다. 덜컥 아이를 낳아 엄마가 되고 나니 그 변화가 생각했던 것과는 너무나 달랐고, 생소하고 당황스러운데다 갑작스러웠다. 출산하고 하루 이틀은 아이도 신기하고 이 상황도 신기하고 벅찬 마음이 들더니, 산후조리원으로 간 사흘째에 이유도 없이 다 싫고 귀찮고 눈물만 주룩주룩 흘렀

나의 무섭고 애처로운 환자들

다. 한참을 울다가 '내가 대체 왜 이러지' 하는 생각에 레지던트 동기한테 증상을 이야기했더니 바로 진단을 내려줬다.

"언니. 'postpartum blue' 같은데?"

그때부터 머리는 내 상태를 이해하지만 마음은 어찌할 수 없는 시간을 보내야 했다. 다행히 2주 정도 지나니 처음에 느꼈던 심한 우울감은 사라졌다. 이렇게 분만한 지 3일에서 5일 이후 며칠 동안 슬픔, 우울감, 혼란스러운 감정 같은 기분 변화가 나타나는 것을 '산후우울감'이라고 한다. 그리고 이런 상태는 대개는 저절로 호전되기 때문에 치료는 필요 없지만 2주 이상 지속된다면 '산후우울증'을 고려해야 한다. 산후우울증의 경우 분만한 지 12주 이내에 증상이 시작되고 우울한 감정, 과도한 불안, 불면 같은 증상이 나타난다. 무엇보다 자신의 아이를 살해하고픈 생각에 빠지는 경우에는 주의 깊은 관찰이 필요하다.

Y는 자신의 아이를 살해한 죄로 징역 5년형을 선고받고 국립법무병원에 왔다. Y는 평범한 엄마였다. 첫째 아이를 낳고 남편과도 사이가 좋았고 문제없이 잘 지냈다. 그런데 남편의 사업이 점점 어려워졌다. 뭐든 해야겠다는 생각에 노래방 도우미 일을 나갔고 그렇게 번 백만 원 정도로 한 달을 겨우 버텼다. 그러

: 기분의 병과 범죄

다 둘째 아이를 임신했는데 처음에는 매우 기뻤으나 임신한 후 일을 그만두고 생활고에 시달리면서 남편과 갈등이 생겼다. 둘째를 출산했는데 여전히 돈은 없고 남편과 자주 다투게 되니 Y는 힘들었다. 도와주지 않는 시댁이 미웠고 일찍 돌아가신 친정 부모님도 원망스러웠다. 아무것도 하기 싫었다. 모두가 자신을 미워하는 것 같았고 세상이 자신을 거절하는 것 같았다. 어느 날 둘째 딸의 기저귀랑 분유를 사고 나니 돈이 다 떨어져 이일로 새벽까지 남편과 다퉜다. 싸우다가 남편이 "한계에 다다랐다"고 하자 Y는 더욱 절망했다. 남편과 이혼하면 딸이 보육원에 갈 텐데, 그러면 자신처럼 딸도 버림받을 것 같다는 극단적인 생각에 사로잡혔다. 버림받게 하느니 그냥 딸을 죽이고 자신도 죽어야겠다고 결심했다. 다음 날, 남편이 나가자 딸을 살해하고 자신도 자살하려 했으나 결국 딸만 죽고 Y는 살아남았다.

처음 Y의 주치의가 되고 난 뒤 환자가 계속 우울해한다는 이야기를 듣고 면담을 했다. Y와는 딸 이야기는 전혀 하지 않았다. 그러나 그녀가 우울한 이유를 모를 수는 없었다. Y의 사건 기록을 읽으면서 여러 감정이 교차했다. Y는 분명 범죄자다. 하지만 Y의 병과 그녀의 삶을 들여다보면 그저 범죄자라며 비난

나의 무섭고 애처로운 환자들

만 할 수는 없었다. Y는 둘째를 낳고 하루하루 고통 속에서 겨우 버티고 있었을 것이다. 너무 우울했고 도와줄 이는 없었다. Y는 지금도 면담할 때 사건 이야기를 하지 않으려 하고 나도 굳이 꺼내지 않는다. 지금 Y의 기분과 증상에만 집중하려 한다. 지금 그녀는 하루하루를 살아가면서 스스로 죗값을 치르며 고통받고 있기 때문이다.

많은 사람들이 우울증은 감기와 같다고 이야기한다. 나도 어느 정도는 그 말에 동의한다. 치료 시기를 놓치면 감기가 폐렴이 되고 잘못하면 죽음에 이르기도 한다. 우울증도 마찬가지다. 적절한 시기에 제대로 된 치료가 필요하다. 우울증을 방치하면 가족과 사회의 비극으로 이어지기도 한다. 반복해서 하는 얘기지만, 정신질환에 대한 편견이 사라져야 환자들이 제대로 치료받을 수 있다. 우리 병원 환자를 하나하나 들여다보면 사건의 가해자이면서 동시에 치료받지 못한 정신질환의 피해자다. 그 사실을 기억하며, 오늘도 병동으로 환자를 만나러 간다.

: 기분의 병과 범죄

12

아내를 살해한 할아버지

치매의 파국적 반응

　　노인 정신질환에서 빼놓을 수 없는 것이 바로 인지기능장애다. 인지기능장애 중 가장 대표적인 병이 치매인데, 치매 발병의 가장 큰 위험 요인은 '노화'다. 그러니 평균 수명이 길어진 현대에서 치매는 점차 늘어날 수밖에 없다.

　　치매에 걸리면 서서히 기억을 잃는다. 최근의 기억은 더 일찍, 과거의 기억은 더 나중에 사라지고, 그 과정에서 노인들은 혼란과 좌절과 절망을 느낀다. 그런 감정들 때문에 예전과는 다른 이상 행동도 나타나고 이것이 범죄로 이어지는 경우가 종종 있다. 비단 치매뿐 아니라 노년기에 일어나는 감정 변화와 정신질환은 모두 마찬가지다.

　　　　　　　　　: 아내를 살해한 할아버지

김영하 작가의 소설 《살인자의 기억법》의 주인공은 알츠하이머병에 걸린 70대 남성이다. 그는 여자들을 마구잡이로 살해한 연쇄살인범으로부터 자신의 딸을 보호하고 싶어 한다. 그런데 치매 때문에 기억을 점점 잃어 자신이 왜 딸을 보호하려 드는지, 무엇을 해야 하는지, 내가 살인마인지 아닌지 모든 것이 혼란스러운 상태에 빠진다. 이렇듯 치매 환자가 기억을 잃어가면 혼란에 빠지고 결국 스스로를 잃게 된다.

소설을 읽으며 가장 먼저 생각난 환자가 바로 H 할아버지다. H 할아버지는 국립법무병원에서 가장 나이가 많았는데, 90세에 아내를 살해한 혐의로 재판을 받은 치매 환자였다. H 할아버지는 90년대 초에 미국으로 이민을 가서 사업이 자리를 잡아 경제적으로도 어렵지 않았다. 그러다가 나이가 들자 점점 고향이 그리워져서 가고 싶지 않다는 아내를 설득해 한국으로 돌아왔다. 그렇게 그리워하던 고향에 왔으나 생각만큼 적응이 쉽지는 않았고, 벌써 많이 변해버린 환경이 낯설었다. 아내에게만 의지하며 생활하다 보니 아내도 힘들어했고 서로 짜증을 내는 일이 많아졌다. 엎친 데 덮친 격으로 기억력은 점점 나빠졌고 원래 앓고 있던 심장질환도 악화해 계속 누워만 지냈다. 병원에 갈

나의 무섭고 애처로운 환자들

일은 점점 느는데 미국 시민권을 유지하고 있어 국내 의료보험 혜택을 받지 못하니 치료비도 부담스러웠다.

어느 날부턴가 집 현관 비밀번호 누르기가 너무 힘들었다. 숫자가 생각이 나지 않아 혼자서는 집 밖에 다니지 못했다. 아내가 없으면 아무것도 하지 못하는 처지가 답답했지만 어쩔 수 없었다. 사건이 일어난 그날, 할아버지는 아내에게 배고프니 밥을 달라고 했다. 그러자 아내가 밥 먹은 지 얼마 지나지도 않았는데 또 먹느냐고 구박하더니 화를 내면서 H 할아버지를 밀쳤다. 할아버지는 넘어지며 아프다고 소리를 질렀으나 아내는 엄살 부리지 말라며 화장실로 들어가버렸다. 할아버지가 멍하니 있다가 소변을 보려고 화장실로 들어가려 했는데 아내가 자신이 화장실을 쓰고 있는데 왜 들어오느냐면서 막았다. 이 상황에서 H 할아버지는 격분했다. 너무 바뀌어버린 고향, 점점 약해지는 기억력과 체력, 또 그것을 타박하는 아내. 할아버지는 순간 들고 다니던 지팡이로 아내의 머리를 수십 차례 때렸고, 결국 아내는 사망했다.

H 할아버지는 정신감정 후에 알츠하이머 치매로 진단받았다. H 할아버지는 왜 그렇게 아내에게 화가 났던 걸까? 당시

: 아내를 살해한 할아버지

정신감정서에는 할아버지가 '치매의 파국적 반응(catastrophic reaction in dementia)'을 보였다고 적혀 있다. 이는 치매의 초기나 말기보다는 중간 단계에서 주로 나타나는 증상이다. 치매의 중간 단계쯤 오면 환자는 자신에게 문제가 있으며 예전보다 기능이 저하되고 있음을 인식하지만 더 좋아질 희망도 없으니 그저 걱정만 하게 된다. 이렇듯 자신이 어찌할 수 없는 환경에 놓이고 옆에서 자꾸 자극하면 감정 폭발을 일으켜 자신을 돌보는 사람이나 가까운 사람에게 폭력적인 행동이나 말을 하게 되는데, 이를 치매의 파국적 반응이라 부른다. H 할아버지도 오랜만에 돌아온 고향에서 예전과 같지 않은 자신의 인지력과 체력을 실감하며 지내다가 이날 결국 폭발한 것 아닐까.

내가 H 할아버지를 처음 만난 건 H 할아버지가 국립법무병원에 입원한 지 2년 정도 지난 뒤였다. 주치의를 맡은 동안 H 할아버지는 치매가 많이 진행돼서 의미 있는 대화를 길게 하지는 못했다. 그냥 하루하루 무탈하게 지나가기만 바랄 뿐이었다. 폐와 심장도 좋지 않아서 숨 쉬는 것도 힘들어했다. 병원 안에서는 내가, 병원 밖에서는 자식들이 할아버지의 하루하루를 걱정하고 있었다. 어머니를 죽인 아버지. 그리고 기억을 잃어가는 아

나의 무섭고 애처로운 환자들

버지. 자식들 입장에서는 어머니와 아버지를 모두 잃은 것과 다름없었다. 가끔 아침에 회진을 돌면서 오늘은 뭐 드시고 싶으냐고 여쭈면 H 할아버지는 미국 시민권자답게 '맥 앤 치즈'가 먹고 싶다고 하셨다. 그러던 어느 날 호흡곤란이 너무 심해져 근처 대학병원 응급실로 옮겼으나 몇 시간 후에 돌아가셨다. 항상 언제 돌아가실지 모른다는 생각에 마음의 준비를 하긴 했지만 그렇게 가실 줄은 아무도 몰랐다. 머리가 하얗게 센 큰아들이 눈이 붉어져서는 그동안 고마웠다고 인사하고 가는 뒷모습에 H 할아버지가 맥 앤 치즈가 먹고 싶다고 말씀하시던 모습이 떠올라 나도 모르게 눈이 시큰거렸다.

: 아내를 살해한 할아버지

아내를 믿지 못하는 할아버지 이야기

예전부터 정신과 외래에 자녀들이 쭈뼛쭈뼛 노인을 모시고 올 때 많이들 이야기하는 것이 있다. 아버지가 혹은 어머니가 요새 자꾸 배우자가 바람피운다고 의심한다는 것이다. 이러한 병은 의처증, 의부증이라고도 말하는 망상장애 중 '질투형 망상'이다. 망상은 실제가 아닌 일을 진짜라고 믿는 것인데 망상장애에서의 망상은 조현병에서 관찰되는 것과는 차이가 있다. 이때 망상의 내용은 아주 기괴하기보다는 어느 정도 현실감이 있는 것이 특징이다. 실제 망상장애는 40세에서 55세 사이에 가장 많이 발병한다고 알려져 있지만 노년기 동안 언제든지 발병할 수 있다. 망상은 다양한 형태로 나타나는데 가장 흔한 것

나의 무섭고 애처로운 환자들

은 자신이 감시당하거나 괴롭힘당하고 있다는 피해망상이다. 그리고 위에서 말한 것처럼 배우자가 외도를 한다는 망상도 상당히 많다.

J 할아버지도 아내가 외도한다고 굳게 믿고 있었다. 감정을 위해 면담실에서 만났을 때 감정 의사인 나에게는 과도할 정도로 예의를 차리셨는데 아내 이야기만 하면 눈빛이 바뀌었다. J 할아버지는 어린 시절부터 어려운 형편 속에서도 성실하게 살아왔다. 초등학교도 제대로 마치지 못하고 다른 집 머슴으로 일을 시작했고 10대 후반에는 용접 기술을 익혔다. 성인이 된 후에 큰 제철회사에 취직해 돈을 꽤 많이 모았고 자신이 모은 돈으로 형제들과 어머니를 모실 수 있어서 너무 기뻤다고 했다. 그리고 동네에서 알고 지내던 아가씨랑 결혼도 하고 자녀도 셋이나 두고 행복한 생활을 했다.

50대에는 꽃집을 시작해 비닐하우스에서 여러 가지 꽃과 식물을 길렀는데 그때부터 가끔 아내가 동네 다른 아저씨랑 이야기하는 게 영 의심스러웠다고 했다. 그 생각이 머리를 떠나지 않는 날이 점점 많아졌다. 어느 날은 화를 참지 못해 아내를 야산에 끌고 가서 왜 바람을 피우느냐고 밤새 때린 날도 있었다. 아내

: 아내를 살해한 할아버지

가 참다못해 그렇게 의심이 들면 그냥 이사를 가자고 했다. 결국 다른 동네로 이사를 갔는데 이번에는 아내가 그 동네 다른 아저 씨에게 고추장을 퍼서 주는 것이 아닌가. 또 바람을 피우는구나 싶어서 소리를 지르고 의심하기 시작했다. 이렇게 자꾸 J 할아 버지의 의심이 반복되자 자식들이 정신병원에서 입원치료를 받 게 했다. 하지만 J 할아버지는 자기는 병이 없는데 왜 억울하게 두 달이나 병원에서 있어야 하는지도 모르겠고 기분만 나빴다. 정신병원에서 퇴원하고 나서도 가끔씩 아내를 의심하며 때렸고 결국은 아내와 별거하게 됐다.

그래도 혼자 식사를 챙겨먹는 할아버지가 걱정이 되었던 아 내는 일주일에 한두 번씩 와서 반찬을 해주고 갔다. 그런데 할 아버지는 그 반찬을 먹으니 자신의 몸이 이상해지는 것 같았다. 몸에 열이 나고 머리가 터져 죽을 것 같고 뼈마디가 쑤시고 잠 이 끊임없이 쏟아졌다. 분명 자신을 해치기 위해 밥에 약을 탔 다는 확신이 생겼다. 그리고 사건 당일 이런 말을 했고 듣다못 한 아내가 왜 그렇게 생각하느냐, 당신 정신병자 아니냐고 받아 쳤다. 이 말을 듣자 할아버지는 예전에 정신병원에서 두 달이나 갇혀 지냈던 생각이 났다. 그리고 너무 화가 나서 자신도 모르

나의 무섭고 애처로운 환자들

게 아내를 빨래 방망이로 두들겨 팼고 결국 아내는 그 자리에서 사망했다.

배운 것 없이 맨몸으로 가정을 꾸린, 누구보다 성실히 살았던 할아버지는 왜 아내를 그리 믿지 못하게 된 걸까. 안타깝게도 망상장애는 약물이 잘 듣지 않는다. 조현병, 조울증 환자는 항정신병약을 먹고 어느 정도 시간이 지나면 그들의 머리를 가득 채웠던 기괴한 피해망상, 과대망상이 조금씩 옅어진다. 그러나 망상장애 환자들이 이 약을 먹는다고 해서 상태가 좋아지진 않는다.

망상장애 환자가 이야기하는 망상의 내용들은 가만히 들어보면 절대 기괴하지 않다. 현실에서 충분히 일어날 수 있겠다 싶은 그럴듯한 내용이기는 하다. 그래서 망상장애 환자들은 망상에서 비롯된 생각을 실제 행동으로 옮겨서 재판을 받게 되거나, 망상에서 빠져나오지 못하고 가족들을 괴롭히다가 결국 정신병원에서 말년을 보낸다.

: 아내를 살해한 할아버지

국립법무병원의 노인 환자들

노인 인구가 많아지면서 국립법무병원에 입원하는 환자들의 평균 나이도 높아졌다. 치매를 앓는 할아버지, 할머니도 많이 입원한다. 2012년에는 치매 환자가 한 명도 없었다. 하지만 점점 증가 추세를 보여 2015년에는 8명, 2016년에는 10명, 2017년에는 15명, 지금은 20명 정도의 치매 환자가 입원 중이다. 비율상 많지 않아 보일 수도 있으나 치매 환자는 특별한 관리가 필요하기 때문에 한 명 한 명 돌보는 데에 엄청난 노력과 주의가 필요하다.

기존에 입원해 있는 환자들도 점점 나이가 드니 노인성 질환이 생긴다. 최근에도 80대 치매 할머니가 입원했고 병동에서

나의 무섭고 애처로운 환자들

는 하루하루 할머니에게 사고가 나지는 않을까 고민이 많다. 우리 병원은 치매 환자들도 최선을 다해서 치료하려 노력하지만 환경 자체가 일반 성인 정신질환자를 위해 설계된 공간이기 때문에 한계가 있다.

70대 중반인 K 할아버지도 병동에서 항상 노심초사하는 사람 중 한 명이다. 5년 전 처음 입원할 때부터 거동이 그리 편하지는 않았다. 혈압 때문에 10년 전에 뇌출혈도 있었고, 그 후 뇌졸중도 한 번 앓았다. 그 후부터 성격이 완전 다른 사람처럼 변해버렸다. 소심하고 내성적인 사람이었는데 아내를 욕하며 때리고 어느 날은 이유 없이 우울해하면서 아이처럼 울기도 했다. 기억력도 점점 저하되었고 누가 자기 물건을 훔쳐간다는 엉뚱한 이야기를 했다. 결국 동네 아이들에게 갑자기 지팡이를 휘둘러 재판을 받고 국립법무병원에 입원했다. 병동에서 할아버지는 조용히 지내다가도 갑자기 노여워하며 약을 먹지 않겠다고 고집을 부린다. 씻고 먹고 소변 보고 하는 데 의료진이나 주변 젊은 사람의 도움이 필요하다. 그러던 어느 날 밤에 혼자 소변을 보러 가겠다고 우기고 걸어가다가 화장실 앞턱에 걸려 넘어져 고관절이 부러지고 말았다. 노인에게 고관절 골절은 후유

: 아내를 살해한 할아버지

증이 너무 오래가는 사건이다. K 할아버지는 큰 병원에 가서 수술을 하고 돌아왔고, 그 이후로 혼자서는 전혀 움직이지 못한다. 소변 볼 때도, 잠깐 병실 밖을 나갈 때도, 항상 옆에서 다른 사람이 부축해야 걸을 수 있다. 이러한 상태가 되면 의료진들은 욕창을 걱정하게 된다. 자꾸 누워만 있지 말고 앉아 있으라고 간호사들이 잔소리하면 또 화를 낸다. 혹시라도 또 넘어질까 봐 병동의 모든 의료진들과 주치의는 항상 신경을 곤두세우고 있다. 하루라도 빨리 치매 환자들의 치료에 특화된 병원에 보내고 싶지만 아직 할아버지의 형기가 남아 있다. K 할아버지는 국립법무병원에서 퇴원하면 남은 형기는 교도소에서 보내야 하기 때문에 일찍 퇴원시킬 수도 없다.

　K 할아버지 옆자리에는 L 할아버지가 있다. 집중 관찰해야 하는 환자들을 한 병실에 같이 두어야 간호사의 동선이 효율적이기 때문이다. L 할아버지는 젊을 때 조현병으로 진단받았다. 조현병 환자는 나이를 먹을수록 인지능력이 더 빨리 저하되기도 한다. L 할아버지가 원래 조현병 환자인 것을 몰랐다면 그냥 알츠하이머 치매라고만 진단했을 만큼 현재는 인지능력 저하가 더 먼저 관찰된다. 그래도 L 할아버지는 K 할아버지보다 열

살이나 어린 나이 덕분인지 아직 걷는 데는 문제가 없다. 하지만 가끔씩 이유 없이 고집을 부리고 식사를 안 한다. 그러면 간호사들과 주치의의 속은 타들어간다. 먹는 일은 사람에게 정말 중요하다. 제대로 먹지 않으면 몸에 필요한 영양소가 공급이 안 되고 면역력이 저하되어 노인이나 어린 아이들은 금방 아프게 된다. 갑자기 폐렴에 걸리고 열도 나고 컨디션도 쉽게 저하된다.

국립법무병원에는 할머니 환자도 여러 명 있다. 얼마 전에 퇴원한 M 할머니는 자신이 미국의 공주라는 망상이 있는 사람이었다. 이른 나이에 발병해 결혼도 안 하고 혼자 외롭게 판잣집에서 살다가 자꾸 쓰레기를 주워 모으자 옆집 사람들이 신고를 한 모양이었다. 경찰이 와서 할머니에게 쓰레기를 치우라고 하자 할머니의 피해망상이 극에 달하게 되었다. 공주인 자신의 성이 공격받고 있다는 생각에 경찰에게 달려들었고 결국 공무집행방해죄로 재판을 받고 국립법무병원에 왔다. 병원에 와서도 할머니는 자꾸 나에게 자신을 빨리 왕국으로 돌려보내지 않으면 큰일 날 거라는 이야기를 여러 번 했다.

그러던 어느 날 갑자기 할머니의 걸음걸이가 이상했다. 말투도 갑자기 어눌해졌다. 부랴부랴 대학병원 응급실에 가서 검

: 아내를 살해한 할아버지

사를 하니 머리 쪽 혈관이 막혀서 뇌졸중이 생겼다고 했다. 갑자기 뇌졸중이 생겨도 이상한 나이가 아니기는 하지만 보호자도 없는 할머니가 몸까지 불편하면 앞으로 어쩌나 걱정이 되었다. 다행히 대학병원에서 일주일 입원해서 약물치료를 받고 돌아온 할머니는 일상생활에서 문제가 될 정도의 후유증은 없었다. 하지만 예전보다 감정이 더욱 둔해져서 항상 얼굴만 보면 이야기했던 미국 공주 이야기도 하지 않았다. 결국 M 할머니는 형기를 모두 마친 후 치매 전문병원으로 가게 되었다.

나의 무섭고 애처로운 환자들

완치가 아니라 기능 보존

다수의 연구는 노인 범죄를 신체적·심리적 요인으로 나누어 분석한다. 먼저 신체적으로 노인은 노화기에 접어들어 자신의 체력에 대한 자신감이 하락하면서 의심하고 자주 다투고 고집을 부리는 등의 공격적인 모습을 띤다. 심리적으로는 죽음에 대한 두려움, 퇴직으로 인한 정체성 상실과 경제적 어려움, 자녀 혹은 다른 사람에게 의존하는 것에 대한 좌절감과 자괴감, 사회로부터의 소외와 고독감, 일상생활을 스스로 통제하지 못하는 무력감 등이 우울증을 심화시키고 이런 모든 것이 범죄로까지 이어진다.

과거에는 노인 범죄에 대한 관심이 그리 높지는 않았다. 하

　　　　　　　　　　　: 아내를 살해한 할아버지

지만 고령화 사회가 점차 가속화하면서 노인 범죄가 단순히 개인의 문제가 아니라 사회 전체의 문제가 되고 있다. 2017년부터는 베이비 붐 세대가 노인 인구로 편입되면서 문제는 점점 심각해지고 있다.

대검찰청이 2018년에 발표한 자료에 의하면 2017년 살인 범죄에서 61세 이상인 범인의 비율은 14.8퍼센트였다. 방화는 10.8퍼센트, 폭행은 11.0퍼센트, 절도는 15.6퍼센트다. 이는 20대, 30대와 거의 비슷한 수준이다. 전체 범죄의 연령별 발생 비율을 보면 지난 10년 동안 18세 이하의 소년범죄자와 50세까지의 청장년층 범죄자 발생비는 감소했는데 51세 이상 범죄자의 발생비는 증가했다. 구체적으로 살펴보면 41세~50세는 35.5퍼센트 감소한데 반해 61세 이상의 노인범죄자의 발생비는 51.7퍼센트 증가한 것으로 나타났다. 또한 노인 범죄에서 강력 범죄 비율이 지난 10년 동안에 202퍼센트 증가했고 2017년에 최고치를 기록했다.

이렇듯 노인 범죄의 비율이 늘어나고 있는데, 우리나라에 현재 노인 교도소는 따로 없다. 하지만 노인은 소년이나 여성만큼이나 신체적으로 주의를 기울어야 하는 인구 집단이다. 대부분 혈압, 당뇨 같은 만성 내과 질환을 가지고 있을 뿐 아니라 낙상 위험, 면역력 저하로 인한 각종 질병의 위험에 노출되어 있기 때문이다.

예전에 노인정신의학회 강의에서 우리보다 한참 전에 고령화 사회를 겪은 일본의 이야기를 들었다. 일본은 벌써 초고령 사회로 접어들었기 때문에 다양한 방법으로 노인의 생활을 돕고 있었다. 방송사에서는 노인을 위한 근력 운동 영상을 꼭 방송한다. 승강기 안에는 노인이 잠깐 앉을 수 있도록 의자가 구비되어 있고, 택시나 버스에도 노인이 넘어지지 않도록 곳곳에 손잡이가 달려 있다. 노인이 병원에 입원하면 퇴원 후를 대비하기 위해 입원 3일 후부터 의사, 간호사, 사회복지사가 팀이 되어 환자를 집중 상담하고, 퇴원 후 생활환경과 가족, 주로 돌볼 사람을 조사한다. 퇴원 직전에는 실제 사는 곳을 방문해 구조를 살피고 생활이 가능하도록 보수한다. 집에서 살기 어려운 경우에는 노인 보건 시설에 거주하도록 알아봐주거나 생활 서비스가 모두 제공되는 노인 홈을 알선해준다. 노인 전용 주택을 지을 때는 걸려 넘어질 만한 문턱을 모두 없애고 집 안 곳곳에 손잡이를 단다. 또 일본 전역에 노인들끼리 어울려서 여가를 보낼

: 아내를 살해한 할아버지

수 있는 고령자 클럽도 20만 개나 있다. 초고령 사회가 될수록 고립되면 더욱 노쇠해진다는 것을 잘 알고 있기 때문에 이 모든 제도와 시설을 마련해놓은 것이다. 초고령 사회에서 의료의 목표는 '완치'가 아니라 '기능 보존'이다.

아직 우리나라는 고령 사회에 대한 인식이 높지 않다. 노인 병원에만 노인 친화적인 시설이 갖추어져 있는 것이 현실이다. 국립법무병원만 해도 지금은 노인 환자가 전체 환자의 10퍼센트에 못 미치지만 장기 입원이 늘수록, 사회가 고령화될수록 노인 환자 수는 많아질 것이다. 지금 당장은 어렵더라도 이곳에 입원한 노인이 생의 마지막을 편안하게 보내도록 하려면 어떻게 해야 할지 고민이 깊다.

13

성격장애와 범죄

성격장애란 무엇인가

사람들이 대인 관계를 맺으면서 종종 "저 사람은 성격이 더러워"라고 말한다. 성격이 더러운 것도 병인가? 단순하게 이야기하면 맞다. 성격이 너무 더러워서 다른 사람한테 피해를 주고 자기 인생도 괴롭히고 있다면 성격에 병이 있다고 할 수 있다. 그렇다면 성격은 무엇인가? 백과사전은 성격을 "개인을 특징짓는 지속적이며 일관된 행동 양식"이라고 정의한다. 성격은 어떤 사람이 사회에서, 또 다른 사람과의 관계에서 어떻게 행동하고 대응하는지를 나타내는 고유의 특성이다. 이런 성격이 너무 이상해서 주변 사람이 힘들고 자기도 힘들고 생활에 문제가 생기는 병이 바로 '성격장애'다.

: 성격장애와 범죄

성격장애는 결국 성격의 병이기 때문에 정신질환 중에서도 상당히 치료하기가 힘들다. 생각해보시라. 성인이 될 때까지 적어도 20년 넘게 그렇게 살아왔다는 말인데 그동안 굳어진 성격이 몇 개월 약을 먹거나 면담을 통해 바뀐다면 세상에 어려운 일이 하나도 없을 것이다. 그래서 보호자에게 성격장애를 설명할 때 '정신과의 난치병'이라고 이야기하곤 한다. 너무 기대를 갖고 접근하지 말라는 뜻에서다. 고쳐보려고 하지 말고 차라리 괴롭다면 피하는 것이 답이라고 설명할 때도 있다. 하지만 포기하라는 말은 절대 아니다. 다만 성격장애를 쉽게 치료할 수 있다고 말하는 누군가가 있다면 사기꾼이구나 하고 의심할 필요는 있다.

성격장애를 진단할 때는 특별히 주의해야 한다. 자칫하면 성격장애가 '저 사람은 정말 성격이 나쁘구나' 하는 낙인이 될 수 있기 때문이다. 가끔 TV에 출연하는 심리 전문가가 범죄자나 유명인에게 '반사회성 성격장애다', '경계성 성격장애다'라고 쉽사리 진단명을 붙이는 것을 보는데 매우 경솔한 행동이라고 생각한다. 다른 정신과 진단 과정처럼 성격장애도 정신질환이기 때문에 진료실에서 환자를 보고 면밀하게 관찰한 뒤에 심사숙고해서 진단해야 한다. 언론에 나온 이상한 행동 몇 가지만 분석해서 진단할 수 있는 문제가 아니다.

성격장애로 진단하려면 기본적으로 사회생활에서 여러 종류의 문제, 특히 '반드시 지속적인 부적응'이 나타나야 한다. 문제가 되는 행동 특성들이 청소년기나 성인기 초기에 나타나야 하고 여러 상황에서 일관되게 보여야 한다. 이러한 성격장애는 우리 인구의 10~20퍼센트에서 일어나는 상당히 흔한 문제다. 그리고 거의 20년 넘게 꾸준히 나타나는 만성적인 병이다.

사람은 대부분 자신의 성격에 적응하고 살아간다. 오랜 세월을 거쳐 자연스럽게 형성되었고 성격에 따른 행동 패턴이 몸에 배었기 때문에 성격장애 환자라 하더라도 대부분 본인은 괴로워하지 않는다. 그리고 자신의 증상이 사회에 미치는 영향도 인식하지 못하고 치료가 필요하다고도 생각하지 않는다. 결국 이들의 행동은 타인에게 피해를 주게 된다.

《DSM-5》는 성격장애를 크게 A, B, C 의 3가지 군으로 분류한다. A군에는 편집성 성격장애, 조현성 성격장애, 조현형 성격장애가 있다. 보통 이들은 괴상하고 의심이 많은 특성이 있다. B군에 속하는 성격장애가 일반적으로 가장 많이 알려져 있는데

: 성격장애와 범죄

앞에서 말했던 반사회성 성격장애가 여기에 속하며, 경계성 성격장애, 연극성 성격장애, 자기애성 성격장애도 있다. 이들은 극적이고 감정적이며 변덕스럽다. C군에는 회피성 성격장애, 의존성 성격장애, 강박성 성격장애가 있고 이들은 불안하고 겁이 많은 특성을 보인다.

A군이나 C군에 속하는 성격장애 환자가 범죄에 연루되는 경우는 많지 않다. 편집성 성격장애 환자들이 무분별한 고소를 남발하는 경우가 가끔 있는 정도다. 하지만 성격장애의 꽃, B군에 속하는 환자는 국립법무병원에서도 많이 볼 수 있다.

경계성 성격장애, 정신감정의 복병

    모든 성격장애가 범죄와 연관되는 것은 아니다. 앞에서도 언급했는데 범죄와 가장 연관이 많은 성격장애는 반사회성 성격장애다. 솔직히는 연쇄살인범 같은 사이코패스한테 장애라는 말을 붙이는 것도 아깝다고 생각한다. 그리고 사법정신의학 교과서에 보면 형사정신감정을 할 때 반사회성 성격장애의 경우는 굳이 진단내리지 않는다고 되어 있다. 왜냐하면 정신병원 같은 치료적 환경에서 좋아질 병이 아니고, 오히려 법조인이 이 성격장애를 범죄 면책의 이유로 여길 수도 있기 때문이다. 교도소에 있는 사람 중 상당수가 반사회성 성격장애의 진단 기준에 부합하는 것은 너무나 잘 알려진 사실이다.

: 성격장애와 범죄

그리고 범죄와 연관이 많이 있는 또 다른 성격장애가 바로 경계성 성격장애다. 이들은 충동적이고, 조현병 환자처럼 지속적이지는 않지만 간헐적으로 피해망상이나 환청을 경험하기도 한다. 이런 점들 때문에 범죄가 일어난다.

정신감정을 할 때 가장 헷갈리는 사람이 바로 성격장애 환자다. 이것을 과연 증상 때문으로 봐야 할지 아니면 악의를 가지고 한 충동적인 행동으로 봐야 할지 고민이 된다. 가끔씩은 정말 정신병적 증상도 섞여 있어서 더욱 혼동된다.

예전에 정신감정을 했던 M은 어린 시절부터 불안정한 환경에서 살아왔다. 아버지 사업이 잘되어 경제적으로는 넉넉했지만 아버지의 잦은 외도로 어머니가 집을 나간 후 아버지랑 같이 살았고 어머니의 사랑을 받아본 적이 한 번도 없었다. 다른 애들이 엄마 이야기를 하면 그게 너무 짜증났다. 학교에서도 반항이 심했고 다른 애들과 많이 싸웠는데 그때마다 아버지가 뒷수습을 다 해줬다. 보다 못한 학교 선생님들이 정신과 진료를 한 번 받아보라고 여러 번 권유했지만 M의 아버지는 귀담아 듣지 않았다. 학교생활에 적응을 잘 못하자 아버지는 M을 미국으로 유학 보냈다. 외국에 가니 M은 더 외로웠다. 그냥 모든 게 허무

나의 무섭고 애처로운 환자들

하고 죽고 싶었다. 가끔은 돌아가신 할머니의 모습이 환시로 보이기도 했다. 그러다가 손목을 긋는 자해를 하면 조금 기분이 나아지는 것 같았으나 그때뿐이었다. 아버지도 원망스럽고 다 싫었다. 결국 다니던 학교에서 퇴학당했고 한국으로 돌아왔다.

아버지가 자꾸 뭐하고 살 거냐고 잔소리하는 것도 듣기 싫었다. 화가 나면 집 안 물건을 부수기도 했고, 가출했다가 아버지 카드를 다 쓰고 돈 떨어지면 들어오는 생활을 반복했다. 여자 친구를 사귀기도 했지만 관계가 오래가지는 못했다. 처음에는 활활 타올랐지만 곧 자신을 배신할 것 같고, 떠날 것 같은 생각에 싸우고 헤어졌다. 매일 술을 마시고 밤거리를 헤맸다. 어느 날 음주 운전을 하다가 음주 단속을 하던 경찰을 보았고 이를 피하다가 사람을 쳐서 정신감정이 의뢰됐다. M은 면담을 하면서도 자기는 인생을 너무 힘들게 살았다면서 계속 감정적으로 어필했다. 나에게도 선생님 같은 사람은 자신의 마음을 너무 잘 알거라면서 치켜세우기도 했다.

M을 경계성 성격장애로 진단한 결과를 재판부로 보내고 며칠 지나서 M의 변호사에게 전화가 왔다. 그는 왜 자기 의뢰인의 감정 결과를 이 따위로 썼냐면서 M과 통화를 좀 하셔야겠다

: 성격장애와 범죄

고 협박조로 말했다. 내가 감정 기간 동안 M에게 너무 성의 없게 대해서 따지고 싶다는 것이 요지였다. 어이가 없었다. 선생님 같은 의사가 없다면서 선생님만 믿는다고 할 땐 언제고, 막상 자신이 원하는 대로 재판이 흘러가지 않으니 금세 돌아서서 내 욕을 하고 따지는 모습이 역시나 경계성 성격장애가 맞구나 싶었다.

가끔은 경계성 성격장애 환자가 극단적인 감정을 표출하다가 살인까지 저지르기도 한다. 경계성 성격장애로 진단받고 입원한 K는 병원에서 유명한 사람이었다. 멀쩡하게 생활하다가도 갑자기 돌변해서 사건 사고를 일으키고 그때마다 이 병동 저 병동 옮겨 다녀 병원에서 K를 모르는 사람이 없었다.

K는 술을 많이 마시고 주사가 심한 아버지 밑에서 자랐다. 아버지는 술에 취해 집에 들어오면 버릇처럼 K를 때렸는데 가끔은 망치같이 위험한 물건으로 피가 날 때까지 맞은 적도 있었다. K는 맞을 때마다 죽고 싶을 만큼 너무 힘들었는데 어머니도 아버지가 무서워 K를 지켜주지 못하고 그냥 내버려두고 모르는 척했다. K는 고등학교 때부터 무술을 배우기 시작했는데 그 이유가 아버지로부터 자신을 지키고 싶어서였다.

고등학교 2학년 어느 날, 아버지가 K를 두들겨 팼다. 그날은 아버지가 술도 안 먹었는데 그냥 K가 쳐다보는 것이 마음에 안 든다며 때렸다. 처음에는 맞고만 있다가 도저히 참을 수가 없어 도망쳐 경찰서에 가서 신고를 했다. 경찰이 오기는 했지만 아버지에게 너무 심하게 때리지 말라고 말만 몇 마디 하고 돌아갔다. 이때 K는 자신을 지켜줄 사람이 아무도 없다는 생각이 들어 깊은 절망에 **빠졌다.**

　　성인이 되어 아버지를 피해 집을 나가 고시원에서 혼자 살았고, 도장에 나가서 유도를 열심히 배웠다. 그런데 자꾸 길을 다닐 때마다 다른 사람이 자기만 쳐다보는 것 같아서 힘들었다. 가끔 쳐다보지 말라고 소리를 질러 시비가 붙기도 했다. 자꾸 자기가 이상해진 것 같아서 죽고 싶다는 생각에 여러 차례 약을 먹고 응급실에 실려 가기도 했다. 나중에는 결국 도장도 안 나가고 집에서 TV만 보고 컴퓨터 게임만 했다. 어느 날 게임을 하는 K를 보고 아버지가 또 불같이 화를 내며 쓸모없는 인간이라고 욕을 퍼부었다. 갑자기 이 모든 상황이 아버지 때문이라는 생각이 들면서 분노가 폭발했다. 결국 참지 못하고 부엌에서 식칼을 가져와 아버지를 찔렀다. 다행인지 불행인지 아버지는 피

: 성격장애와 범죄

했고 K는 존속살해미수로 국립법무병원에 오게 되었다.

K는 치료 중에도 참 힘든 환자였다. 자신보다 왜소하고 약한 환자는 이유 없이 마음에 안 든다고 때리고, 왜 쳐다보느냐고 때리는 행동이 몇 개월에 한 번씩 반복됐다. 게다가 한 번 때릴 때 무자비하게 죽일 듯이 덤벼서 맞은 환자가 크게 다쳐 여러 차례 추가 징역을 선고받았다.

입원한 세월이 10년이 넘었지만 K의 충동성은 그다지 가라앉지 않았고 치료감호형 만료 시점에 교도소로 갔다. 교도소에서도 K의 충동성과 폭력성이 종종 폭발할 것 같아 걱정이 됐지만 K를 치료하기에는 국립법무병원에서 해줄 수 있는 게 많지 않았다.

K뿐 아니라 B도 유명 인사였다. B는 어릴 때 사촌 오빠한테 여러 차례 성추행을 당했다. 처음에는 아무것도 몰랐다가 커가면서 자신이 성추행을 당하고 있음을 알게 되었다. 어머니한테 이야기했지만 어머니가 조금 고민하더니 그냥 참으라고 해서 결국 아무 말도 못했다. 하지만 사춘기에 접어들면서 점점 자신이 싫어졌고 사는 게 허무했다. 중학교 2학년 때부터 술이랑 담배를 했다. 하지만 더 자극적인 것이 필요했고 본드를 흡입했

나의 무섭고 애처로운 환자들

다. 죽고 싶어서 수면제를 털어넣기도 했다. 남자 애들과 어울려 밤에 술을 마시는 일이 많았는데 그러다 강간을 당했고 가출도 여러 차례 했다. 고등학교 1학년을 제대로 마치지 못하고 자퇴했고 나이트클럽에서 만난 남성과 동거를 했다. 하지만 집에서 이 사실을 알게 되어 아버지가 B를 미국의 대학으로 보내버렸다. 그러나 미국에서도 B는 편하지 않았다. 자꾸 술자리에서 싸움이 일어났고 잘 모르는 남성과 하룻밤을 보내는 일도 많았다. 또다시 아버지가 한국으로 B를 불러들였는데, 집에 와서 B는 급기야 가족을 때렸다. 이유도 없었다. 그냥 갑자기 화가 난다는 이유로 집 안의 물건을 다 부수고 던지고 어머니에게 폭력적인 행동을 했다. 어느 날은 어머니와 술을 마셨는데 오랜만에 분위기가 좋았다. 화기애애하게 이야기를 나누던 중에 집에서 키우던 고양이가 없어진 것을 알았다. B는 분명히 어머니가 가져다버렸을 것이라고 생각했다. 하지만 어머니는 자신이 한 일이 아니라고 했다. 그러자 어머니가 거짓말을 하고 있다고 오해하고는 화가 머리끝까지 치밀어 부엌에 있던 칼로 어머니의 가슴을 찔렀다. 그때 처음으로 국립법무병원에 왔고 이후 안정되어 퇴원했다. 퇴원 후 한두 달은 굉장히 잘 지냈다. 하지만 얼마

: 성격장애와 범죄

되지 않아 또 어렸을 때 자신을 성추행했던 사촌 오빠, 강간했던 남자 친구 등 과거 일이 떠올라 너무 괴로웠다. 먹고사는 문제도 힘들었다. 벌써 서른이 훌쩍 넘은데다 전과자인 자신을 써주는 일자리가 없었다. 가족에게 도움을 청하기도 했으나 어머니를 칼로 찌른 자신을 오빠와 동생이 미워할 것 같아서 몇 번 하다가 말았다. 그러던 어느 날 자신의 집 주변에 누군가가 어슬렁거리는 듯해 겁이 났고, 그 사람이 마치 자기를 해칠 것 같았다. 어렸을 때 자신을 성폭행했던 남자들이 떠올랐다. 참다못한 B는 칼을 챙겼다. 그리고 그 남자를 찌르려고 마구 쫓아갔다. 다행히 지나가던 사람이 B를 말렸고 그 남자는 죽지 않았다. 그렇게 B는 국립법무병원에 또다시 오게 되었다.

두 번째 입원한 B는 처음에는 불안정함 그 자체였다. 어느 날 하루는 B가 다른 사람을 죽일 만큼 때렸다고 간호사에게 연락이 왔다. 익히 B의 소문을 들었기 때문에 올 게 왔구나 싶었다. 식사 시간이었는데 옆자리에 서 있던 다른 환자가 일부러 들리게 자기를 비웃었다는 이유로 정말 죽지 않은 게 다행일 정도로 심하게 때린 것이다. 경계성 성격장애 환자가 불안정할 때는 어떤 다른 정신질환보다 정신병적 증상이 심하다. B가 그랬

나의 무섭고 애처로운 환자들

다. 이럴 때는 답이 없다. 급성기 증상을 치료할 때는 절대 면담만으로 해결할 수가 없다. 반드시 정신과적 약물치료가 필요하다.

B도 정말 한동안 약을 많이 먹었다. 약은 그녀의 감정을 조절해주고, 마음을 편하게 해주고, 예민한 생각을 누그러뜨렸다. 가끔 약 때문에 부작용도 있었지만 간호사들과 함께 그녀를 지지해주며 치료를 이어나갔다. 퇴원할 때쯤 그녀의 표정은 참 편안했다. 벌써 50대가 되어버린 자신의 나이가 원망스럽기도 하지만 아직 많은 것을 할 수 있지 않을까 싶다며 조심스럽게 앞으로의 계획을 이야기하기도 했다. 벌써 어머니는 돌아가시고 형제들은 너무 멀리 살고 있어서 그녀를 돌볼 수 없었다. B는 그래도 한번 해보겠다는 의지를 밝혔고 퇴원했다.

경계성 성격장애 환자의 행동은 사실 예측하기가 힘들다. 그들의 폭주는 당황스럽고 피하고 싶다. 이들의 범죄를 심신미약에 해당하는 것으로 봐야 할지 사실 매우 고민스럽다. 이들은 순간순간 상황 판단을 할 때 피해망상 수준의 생각을 할 때도 있지만, 한편으로는 스스로 의지를 가지고 행동하는 부분도 충분히 있기 때문이다. 하지만 분명한 것은 이들 스스로가 그리고

: 성격장애와 범죄

가족이 이들의 정신과적 문제 때문에 고통받고 있으며 이것이
사회적인 문제로 이어질 수 있기 때문에 어떤 방법으로든 정신
과적 도움이 필요하다는 것이다.

나의 무섭고 애처로운 환자들

14

병식이 없는 사람들

강제입원은 무엇인가

　　정신과 전문의가 되고 1년 남짓 지났을 무렵, 시골의 작은 정신병원에서 근무할 때였다. 논밭 한가운데에 있어 아는 사람만 드나드는 조용하고 한적한 병원이었는데 어느 날 원무과 직원이 당직을 서던 내게 헐레벌떡 뛰어왔다. 서울에서 구급차가 도착했는데 환자가 진료실로 절대 들어오지 않겠다고 버틴다며 어서 와보라고 했다. 환청이나 망상 같은 정신병적 증상이 심한 환자이겠거니 지레 짐작하고 구급차로 향했다. 그런데 웬걸. 구급차에서 멀쩡한 신사가 내리는 것 아닌가. 물론 겉모습만 보고 판단하면 안 되지만 대체로 구급차에 실려올 정도로 증상이 심한 조현병 환자는 오랫동안 씻지 않거나 옷을 갈아입지

　　　　　　　　　　　　　: 병식이 없는 사람들

않아 한눈에 보기에도 위생 상태가 좋지 않은 편인데, 이 남자는 너무 깔끔했다. 그러나 첫인상으로 대충 진단하는 것은 금물이기에 일단 남자와 면담을 시작했다.

남자는 서울에 살고 있었고, 본인 이야기로는 상당한 재력가였다. 최근 재산 문제로 부인과 갈등이 있었는데, 출장을 갔다가 재미 삼아 카지노에 몇 번 간 것을 알게 된 장모와 아내가 자신을 도박중독으로 몰아가고 있어 곤란하다고 했다. 이야기를 한참 듣자니 망상이나 거짓말로 몰기에는 상당히 자세하고 논리적이었다. 결정적으로 자신이 얼마 전에 위암 수술을 했는데 그 뒤로 아내가 더 심하게 재산 얘기를 꺼낸다며 배에 난 수술 자국을 보여줬다. 드라마에서나 보던 멀쩡한 사람을 정신병원에 가두는 바로 그 상황이 내 눈앞에서 일어날 수도 있다니, 등골이 오싹했다. 그때 내가 가장 무서웠던 것은 정신건강복지법의 강제입원 조항에 해당되지 않는 사람을 입원시켰을 때 나중에 지게 될 책임이었다.

대한민국헌법 제2장 제12조 1항에 따르면 모든 국민은 신체의 자유를 가진다. 신체를 구속할 때에는 법률과 적법한 절차가 반드시 필요하다. 구속을 결정하는 대표적인 직업에는 경찰,

나의 무섭고 애처로운 환자들

검사, 판사가 있다. 그리고 범위를 더 확대하면 정신과 의사가 있다. '무슨 정신과 의사가?' 싶겠지만, 우리나라의 정신건강증진 및 정신질환자 복지서비스 지원에 관한 법률 제43조에 따르면 정신질환자의 경우 정신건강의학과 전문의 2인이 폐쇄병동에서의 입원치료가 필요하다고 진단한 경우 보호의무자 2명 이상이 동의하면 정신과 폐쇄병동에 입원이 가능하다.

그냥 이 문장만 읽으면 병원에 입원하는 것이 무슨 구속인가 싶겠지만, 정신질환자의 경우 스스로 입원치료를 원하지 않더라도 법적인 보호의무자가 원할 경우 정신과 의사 2인의 진단이 있다면 '강제로' 입원할 수 있다. 극단적인 예이긴 하지만 드라마나 영화에 등장하는 '억지로 주인공을 차에 태워 어딘가로 끌고 간 뒤, 몇 십 년간 연락이 되지 않던 주인공이 정신병원에서 발견되는' 장면을 생각하면 '강제입원'이 '구속'과 같은 의미로 사용된다는 점을 알 수 있다.

구속이라는 표현이 조금 과할 수도 있지만 환자가 받아들이기에 강제입원은 담당 주치의가 허락하지 않으면 절대 퇴원하지 못하고, 막연하게 '증상이 좋아질 때'까지 입원해야 하기 때문에 구속 이상의 충격일 수 있다.

: 병식이 없는 사람들

그렇다면 정신과 의사들은 강제입원을 마음대로 시킬 수 있는가? 그건 절대 아니다. 정신과 의사 입장에서도 강제입원은 상당한 부담이 될 수밖에 없다. 위에서 말했듯이 신체를 어딘가에 구속시킨다는 것은 법률에 따라야 하는 일이고 만약 법에 어긋나는 부분이 있으면 그것을 결정한 의사의 책임이 가장 크기 때문에, 굉장히 신중하게 입원 여부를 판단한다.

강제입원 조항에 해당하지 않는 사람을 입원시키면 병원은 과태료나 영업정지 같은 행정처분을 받고 의사는 면허정지 등의 처분을 받는다. 물론 면허정지가 징역이나 벌금 같은 처분보다는 약하다고 생각할 수 있지만, 단순히 법적 처분을 떠나서 누군가의 인생에 큰 트라우마를 안기게 되는 것 자체가 강제입원을 결정하는 의사에게는 상당히 마음 무거운 일이다.

앞서 구급차에 실려온 남자 이야기로 돌아가자면, 30분쯤 지나니 승용차를 몰고 장모와 아내가 도착했다. 차에서 내리자마자 그들은 남자를 도박중독으로 입원시켜달라고 강하게 요구했다. 물론 도박중독이 심해 강제입원이 필요한 경우도 있지만, 일상생활이 가능한 수준이라면 외래로 면담과 인지행동치료를 병행하면 된다. 무엇보다 서울 강남에 사는 분들이 도박중독 치료로 유명한 교수님들 진료는 보지도 않은 채 시골의 작은 병원으로 입원시켜달라며 데려오는 것이 너무나 비상식적이었다. 하지만 대놓고 '당신들은 의심스러우니 당장 돌아가시오'라고 할 수 없었기에 정중하게 나는 실력이 미천해 이러한 도박중독 치료는 할 수 없으니 서울의 유명한 교수님께 진료를 받으라며 몇 분을 알려주고 겨우 설득해 돌려보냈다.

: 병식이 없는 사람들

게으르거나 무지한 것이 아니다

대부분의 사람이 아프면 '어딘가 좋지 않다', '뭔가 불편하다'고 느끼고 병원을 찾는다. 스스로 아픔을 인식하는 것을 '병식이 있다'고 표현한다. 하지만 정신과에는 스스로 아픈 줄 모르는, 병식이 없는 환자가 많은 편이다. '병식 없음'은 조현병 또는 조울증 환자의 대표적인 증상인데 이로 인해 치료가 지연되거나 불가능해지기도 한다.

병식은 6단계로 나뉜다. 1단계는 병을 완전히 부정하는 (complete denial of illness) 단계다. 그야말로 병식이 전혀 없는 단계인데 대개 처음 발병했을 때 이 상태로 온다. 이런 환자와 이야기해보면 숨이 턱턱 막힌다. 의사 입장에서는 환자도 처음

　　　　　　　　　나의 무섭고 애처로운 환자들

이니 당연한 반응이겠거니 싶다가도 벽에 대고 같은 얘기를 계속 반복하는 느낌이라 진이 빠지는 건 어쩔 수 없다.

2단계는 아프고 도움이 필요한 것을 약간은 알고 있지만 동시에 그것을 부정하는(recognize ones illness partially. knows one needs help but denies at the same time) 단계다. 환자들이 한두 번 입원하고 나면 어렴풋하게나마 '내가 남과 좀 다른가?', '이런 소리가 나한테만 들리는 건가?'라고 생각하는 듯한 모습을 보이지만 병을 인정하지는 않는다. 그러나 주치의가 "병이 있고 치료를 받아야 해요" 하면 분명히 예전과는 다른 반응을 보인다. 이런 반응만으로도 주치의는 치료를 끌고 가는 데 큰 힘을 얻는다.

3단계는 아프다는 것은 알지만 다른 사람이나 외부 요인, 기질적 요인 때문이라 생각하고 비난하는(recognize the illness. blames other people, external factors and organic factors) 단계다. 이 단계의 환자는 자신이 아프고, 약을 먹어야 하고, 치료받아야 한다는 것을 마지못해 인정한다. 하지만 부모가 잘못 키운 탓에, 어릴 때 큰 충격을 받은 탓에 이렇게 된 것이라며 외부를 원망한다.

: 병식이 없는 사람들

4단계는 질병이 있음을 인정하고 그것이 확실치는 않지만 자신의 문제임을(recognizes one's illness due to the fact one does not know) 인식하는 단계다. 이 정도의 병식을 가진 환자라면 예후가 좋은 편이며, 환자 스스로 "약은 먹어야 하는 것 같아요"라고 순순히 인정하고 외래에 찾아온다. 병에 대해 완전히 알았다고 보기는 어렵지만 그래도 '나에게 무슨 문제가 있구나' 알아차린 정도랄까. 하지만 이 단계에 이르기까지도 상당히 힘들고 오랜 시간이 걸리기 때문에 보호자 없이 약 타러 외래에 스스로 오는 환자를 보면 반갑기 그지없다.

5단계는 머리로 인정하는(intellctual) 단계다. 이 단계의 환자는 상당히 훌륭하다. 자신이 병도 있고, 병으로 인해 생활하는 데 불편함이 있음을 아주 정확하게 인식하고 있다. 하지만 감정적으로는 받아들이지 못한 단계라 행동의 변화로 이어지지 못하기 때문에 '지적인 병식 단계'로 표현한다.

마지막 6단계는 진심으로 인정하는(true emotional) 단계다. 환자가 정서적으로 자신의 병을 이해하고 인식했기 때문에 행동의 변화로까지 이어진다. 6단계 병식을 가지게 하는 것이 모든 정신과 주치의의 목표다. 지금까지 10년 넘게 정신과 의사로

나의 무섭고 애처로운 환자들

일해오면서 진정한 병식을 가진 환자는 딱 한 명 만났다.

　전공의 때 인턴 선생님이 환청을 호소하는 환자가 있다면서 응급실로 와보라는 연락을 해왔다. 새벽 5시 무렵이어서 지친 몸을 이끌고 가보니 깔끔한 외모의 30대 남성이 조용하게 앉아 있었다. 대부분 환청을 처음 경험한 환자는 환청과 현실을 구분하지 못하고 무척 혼란스러워하는데, 이 환자는 환청이 들리며 그 내용 무엇인지 차분하고 구체적으로 이야기했다. 전공의 1년 차를 갓 벗어나던 때라 경험이 많지 않았던 나의 눈에도 환자의 반응은 참 생소했다. 의아해하며 환자와 면담을 시작했다. 그는 대학원생이었는데, 한 달 전부터 아무도 없는데 자신의 이름을 부르는 소리가 들렸고 그 횟수가 점점 잦아지더니 일주일 전부터는 소곤소곤 이야기를 들려주는 정도로 다양한 소리가 들리기 시작했다고 했다. 아무리 생각해도 주변에 사람이 없고 라디오를 틀어놓은 것도 아니어서 이상하다 생각했는데 그날 새벽에는 밤새 계속 소리가 들리는 바람에 잠을 잘 수가 없어 응급실로 찾아왔다는 것이었다. 이야기를 들어보니 조현병에 준하는 정도의 약물치료가 필요해보였다. 어쨌든 첫 치료이기 때문에 약물 조절과 병식 교육을 위해 원칙대로 입원치료를 권유했

　　　　　　　　　　　　: 병식이 없는 사람들

으나 한참을 생각하던 환자는 자신이 지금 하고 있는 일들을 갑자기 중단할 수 없으니 외래로 통원치료를 하는 것이 어떻겠냐고 물었다. 대부분 이런 경우 다시 병원에 오지 않기 때문에 좀 걱정이 되었지만 환자가 너무나 자신의 증상을 잘 파악하고 받아들이고 있다는 생각이 들어서 3일치 약만 처방하고 꼭 외래로 다시 오라고 당부했다. 그때 집으로 돌려보내면서 과연 이것이 환자를 위해서 잘하는 일인지 불안하기도 했지만 왠지 이 환자는 올 것 같다는 생각이 들었다. 예약 당일, 그 환자는 약속대로 병원에 왔다. 그 후 약물치료를 꾸준히 진행했고, 환청은 점점 줄었다. 그리고 3년쯤 지난 뒤부터는 최소 용량의 항정신병약만 유지하는 단계까지 이르렀다.

모든 환자가 이런 정도의 병식을 지니면 좋겠지만, 대부분의 환자들은 그렇지 않다. 10년 넘게 단 한 사례만 있었다는 사실에서 알 수 있듯 '병식 없음'은 매우 흔한 증상이다. 정신질환을 앓는 환자가 '게으르거나 무지해서' 치료받지 않는 것이 아니다.

병식이 없어서 가장 힘든 사람은 가족이다. 병원에 데려오는 것부터 약을 먹이는 일까지 하나하나 다 챙겨야 하고, 하루

하루 환자와 가장 가까이 지내며 살얼음판 위를 걷는 듯 산다. 진주 방화사건이 일어났을 때도 '가족들은 뭘 했냐'고 의문을 제기하는 사람이 있었으나, 제일 답답하고 고통스러운 사람은 가족이다. 안인득만 해도 가족에 대한 피해망상이 있었는데, 이 것 때문에 어머니와 동생에게 욕을 하고 공격적인 행동을 보였다고 하니 이러한 상황에서 치료를 받게 하거나 정신과에 입원시키기란 결코 쉬운 일이 아니었을 것이다.

예전에 근무했던 병원에서 겪었던 환자의 일이다. 전형적인 조현병 환자였고 고령의 어머니와 단둘이 살고 있었는데 누나들이 돌아가면서 들여다보고 챙기는 상황이었다. 어느 날 외래에 누나들이 상담을 원한다며 왔는데, 최근에 환자가 자꾸 약을 안 먹으려 들고 어머니가 약을 먹으라고 하면 화를 내고 때리기까지 한다며 어떻게 해야 입원치료가 가능한지 물었다. 입원병동이 있는 정신과 외래에서 흔하게 상담하는 내용이었기 때문에 항상 설명하던 것처럼 내일이라도 환자가 불안정할 때 경찰을 불러 내원하라고 일러주었다. 그러나 다음 날 그 환자는 입원하러 오지 않았다. 그날 오후, 한 아파트에서 조현병 환자가 모친을 살해해 구속됐다는 기사를 접했는데, 나이와 상황과 주

: 병식이 없는 사람들

거지를 보니 어제 누나들이 찾아왔던 바로 그 환자가 확실했다. 숨이 멎는 기분이었다. 그때 당장 입원시켜야 하니 데려오라고 했어야 했나 싶었다. 전날 면담하면서 울었던 누나들의 얼굴이 떠올랐고, 죄책감과 씁쓸함 등 만감이 교차했다. 그 후 한참이 지났지만 가끔 그때 생각이 난다. 내가 뭐라도 했다면 혹시 비극을 막을 수 있지는 않았을까 하고 생각해보지만 시간이 한참 지난 지금도 우리나라 현실에서는 병원에 오지 않는 환자에게 정신과 의사인 내가 해줄 수 있는 것은 아무것도 없다.

나의 무섭고 애처로운 환자들

정신과 의사가 환자를 입원시키는 요령

정신과 전공의 수련을 받을 때 제일 힘든 것은 바로 병식이 없는 조현병이나 조증 상태의 환자를 입원시키고 치료하자고 설득하는 일이었다. 가끔 낮 시간에 정신과 외래에서 난리법석이 날 때가 있다. 보호자들이 보통 환자들을 데려올 때 병원 가자고 하면 따라나서지 않는다. "넌 아프니까 입원해야 해" 하면 오지 않으니 "그냥 진료나 한번 받아보자"며 환자를 병원에 데려온다. 그렇게 어렵게 와서 진료를 보고 입원이 결정되면 그때부터 시작이다. 가장 막내인 인턴 선생님과 1년차 전공의는 환자를 붙들고 있고 윗년차 전공의는 병동에 연락해 침대를 준비한다. 환자가 불안정할 가능성이 매우 높으니 보통은 항불안

: 병식이 없는 사람들

제나 항정신병약제 주사를 놓고 필요하면 사지를 침대에 고정하는 강박 조치까지 한 후 겨우 입원실에 올라간다. 물론 몇 번 설득하면 못 이기는 척 손잡고 입원실로 올라가는 환자도 있지만 가끔씩 이렇게 실랑이를 해야 할 때가 있다.

이런 환자를 진료할 때 정신과 의사의 내공이 나오기도 한다. 전공의 1년차일 때는 소위 '말빨'이 없어서 말싸움에서 지거나 환자에게 화를 내기도 하지만 경력이 오래될수록 차분하고 휘말리지 않는다.

"입원치료가 필요합니다"라는 의사의 말에 병식이 없는 환자는 대개 "나를 환자 취급하는 거냐!"며 화를 낸다. 내가 이럴 때 쓰는 방법은 "이렇게 화를 내시는 걸 보니 정말 치료가 필요하다는 생각이 드는군요"라고 말하는 것이다. 이런 소리를 들으면 환자는 더 크게 화를 낸다. 그러면 나는 또다시 "더 크게 화를 내는 모습을 보니 꼭 입원하셔야겠네요"라고 말한다. 어이없는 말싸움 같지만 이 이상 할 수 있는 말이 없고, 여러 이유를 들어 설명해봐야 환자가 상황을 순순히 받아들일 리 없기 때문이다.

어떤 의사는 환자가 너무 공격적이지만 않으면 환자의 두 손을 꼭 잡고 보호자와 함께 다정하게 입원실로 올라간다고도

나의 무섭고 애처로운 환자들

하고, 어떤 교수님은 별말씀 안 하시고 입원하지 않겠다는 환자 이야기에 공감해주며 쭉 들으시다가 아무 말 없이 입원장만 쥐어주신다고 들었다. 이러면 환자들은 엉겁결에 입원한다고 한다. 아마 병식이 없는 환자랑 설전을 벌여야 별 소득이 없음을 각자 경험으로 알기 때문에 다들 말을 줄이고 조용한 방법을 택한 것이 아닌가 싶다.

병식이 없는 환자를 입원시키고 난 뒤에도 주치의는 편치 않다. 퇴원을 언제 할 수 있는지, 약은 왜 먹어야 하는지 회진할 때마다, 면담할 때마다 묻고 소리도 지르기 때문이다. 전공의 1년 차 때 공격적인 환자를 어렵게 입원시킨 적이 있는데, 당직 때마다 그 환자가 당직실 문을 부수고 들어오는 악몽을 꿨다. 부끄럽지만 그때는 환자가 무서웠다. 그래도 한두 달 지나면 약물 치료 효과가 나타나고 환자도 적응하기 때문에 조금씩 수월해지기는 하지만 병식이 없는 환자의 치료를 시작하는 일에는 굉장한 에너지가 필요하다.

국립법무병원에서 일을 할 때 어떤 면에서 수월한 점은 이곳으로 오는 환자들의 입원 여부를 주치의인 내가 아닌 사법부에서 결정해준다는 것이다. 정신과 의사나 보호자가 갖은 애를

: 병식이 없는 사람들

써서 진 빠지게 입원시키는 것이 아니라 재판에서 치료감호형을 선고받아 오기 때문에 많은 환자들이 재판하는 과정에서 자신의 증상과 그 증상 때문에 일으킨 사건을 직면하고 어쩔 수 없이 받아들인다.

민간 정신과 병원에 가보면 길게는 10년씩 입원치료를 하고 있는 환자가 간혹 있다. 이들을 보면서 혹자는 병원이 이들의 인권을 유린하고 담당 주치의가 치료를 제대로 하지 않았기 때문에 장기 입원하는 것 아니냐고 비난할 수도 있겠으나, 적어도 일주일만 그 병동에서 생활해본다면 그런 말을 그렇게 쉽게 할 수는 없을 것이다. 또한 환자를 폐쇄병동에서 내보내는 것이 과연 인권을 지키는 일인가 하는 근본적인 의문이 생길 것이다. 물론 무조건적인 입원만이 능사는 아니다. 하지만 제대로 된 관리 체계 없이 퇴원시켜 지역사회로, 집으로 돌려보내는 것 또한 그리 좋은 방법은 아니다.

나는 진정한 환자의 인권은 제대로 된 치료를 받게 하는 것에서 시작한다는 말에 동의한다. 정신질환자들은 잠재적 범죄자가 아니다. 나는 모든 정신질환을 앓는 사람이, 증상이 발병했을 때 재빨리 치료받는다면 충분히 일상을 유지하며 다른 사람

나의 무섭고 애처로운 환자들

들과 어울려 살 수 있다고 믿는다. '치료받지 못한' 정신질환자
가 저지르는 범죄만 보고 모든 정신질환자를 잠재적 범죄자로
낙인찍기 전에, 적기에 치료받을 방법이 없는 구조적 문제를 한
번쯤 떠올려주었으면 한다.

: 병식이 없는 사람들

15

퇴원이 끝은 아닙니다

보호자가 없는 사람들

　　민간병원의 경우에는 대부분 한 달마다 환자가 일정 금액의 병원비를 부담해야 하기 때문에 병원에서 주기적으로 보호자에게 연락한다. 그러면 보호자들이 그때마다 병원을 찾아와서 주치의와 면담을 하고 환자에 대한 관심을 이어나간다. 국립법무병원에 있는 환자들의 경우 병원 내에서 이루어지는 치료비를 국가가 전액 부담하는 것이 원칙이다. 그래서인지 이곳에서는 외부 진료를 나갈 정도의 신체질환이 아니라면 보호자에게 딱히 연락할 일이 없다. 그래도 관심이 많은 보호자는 주기적으로 주치의에게 면담을 신청하거나 환자와 화상 면회를 하는 등 환자를 지속적으로 들여다본다.

환자를 가장 적극적으로 걱정하는 보호자 집단은 역시 '부모'다. 팔순 노모가 60대 아들을 걱정하는 광경은 흔하다. 허리도 제대로 못 펴면서 아픈 손가락인 늙수그레한 아들을 걱정하며 붉은 눈을 한 채 돌아가는 어머니의 뒷모습은 언제 봐도 짠하다. 보호자가 부모인 경우 대부분은 환자가 언제 퇴원할 수 있는지, 언제 퇴원하면 좋은지 주치의에게 물어보고 조언을 구한다. 또 약 부작용 때문에 환자가 힘들어하는 것 같다고 투정도 부리고, 다른 약을 쓰면 어떻겠느냐고 간섭하기도 하지만 그래도 아예 관심이 없는 것보다는 훨씬 낫다.

부모를 제외한 다른 보호자는 주치의 입장에서 아슬아슬하다. 언제 연락이 끊어질지 모르기 때문이다. 그러다가 갑자기 연락이 된다 하면 대부분 재산 문제가 얽혀 있다. 그런 경우에는 평생 얼굴도 모르고 살던 조카까지 나타난다. 몇 푼 되지도 않는 환자의 재산을 관리하겠다며 막무가내로 환자 스스로 생활을 관리할 능력이 없다는 내용의 소견서를 요구한다. 이런 경우를 심심치 않게 보는데, 이런 사람을 만나면 원래 인간은 악한 존재로 태어나는 것인가 싶은 생각도 든다.

국립법무병원에서 입원할 수 있는 기간은 최장 15년이다.

살인 등 중범죄를 저지른 경우에는 2년씩 총 세 번을 연장할 수 있어 경우에 따라 21년까지 입원이 가능하다. 하지만 모든 환자를 이렇게 입원시킬 수는 없다. 지금도 1천 명 넘는 환자가 입원해 있기 때문에 병원은 과밀 상태이고 의료진 수도 몹시 부족하다. 또한 무턱대고 모든 환자를 15년 동안 입원시키는 것은 환자 인권을 무시하는 처사다. 그래서 상태에 따라 퇴원이 가능한 사람은 사회 복귀를 고려한다. 일정 기간 동안 약물치료가 충분히 유지되면 증상은 호전되고 환자도 일상생활이 가능해진다. 이런 환자에게는 사회 적응과 재활을 위해서라도 퇴원 기회를 줘야 한다.

보통은 환자가 받은 형기를 마친 뒤 1년 정도가 지나면 보호자와 퇴원 시점을 상의한다. 물론 정신질환의 증상이 현저하게 남아 있으면 무리해서 진행하지는 않는다. 하지만 주치의가 환자 상태가 안정됐기에 퇴원 준비를 해야 한다고 말해도 보호자가 퇴원을 적극적으로 원하지 않는 경우가 종종 있다. 보호자 입장에서 생각해보면 당연하다. 국립법무병원은 병원비가 일체 들지 않는다. 그리고 환자가 퇴원시켜달라고 보호자를 졸라도 퇴원 여부를 보호자가 정하는 것이 아니라 나라에서 결정하기

: 퇴원이 끝은 아닙니다

때문에 부담감이 줄어든다. 그래서 퇴원에 대해 상의하자고 해도 차일피일 연락을 미루는 경우가 많다.

퇴원을 미루는 보호자라도 연락이 닿는 것만으로도 감사한 일이다. 우리 병원 환자 중 다수가 연락이 닿는 보호자가 전혀 없다. 서글픈 얘기지만 서류상에도 직계가족이 아예 없으면 오히려 퇴원을 준비하는 것이 간단하다. 퇴원 후에 국가가 적극적으로 보호자 역할을 할 수 있기 때문이다. 하지만 서류에 자녀나 배우자가 남아 있을 때 혹은 오래전 재혼한 어머니가 아직 생존해 계실 때 등 한 번도 보지 못한 보호자가 가족관계증명서에 있으면 참 난감하다. 혹시 나중에라도 보호자가 나타나서 왜 환자를 마음대로 퇴원시켰느냐고 항의하거나 무슨 일이 생겼을 때 병원 잘못이 아니냐면서 치료를 이렇게 했느니 저렇게 했느니 따지면 굉장히 곤란해진다.

B 할아버지도 보호자가 없는 환자였다. 연락되는 보호자는 전혀 없었지만 5년 전 입원 초에 남동생이 연락처를 남기기는 했고 가족관계증명서에 아들이 있었다. 아들과 연락이 된 적은 없었다. 하지만 B 할아버지의 망상 속에는 항상 아들이 존재했다. 매일 간호사에게 우리 아들이 부르고 있다고 말했다. 아들이

온다고 했는데 자기를 왜 내보내주지 않느냐고 항상 귀에 못이 박히도록 이야기했다. B 할아버지를 회진 때 만나고 나면 주치의로서 마음이 답답했다. 환청과 망상이 굉장히 심한데 항정신병약 용량을 늘리면 부작용만 심해지고 좋아질 기미는 없었기 때문이었다. 조현병이 만성화되면 잘 낫지 않는 난치성으로 가는 경우가 종종 있는데 B 할아버지가 그랬다. 그래서 잠 잘 자고, 식사 잘 하고, 하루하루를 큰 문제없이 잘 보내는 것을 치료 목표로 잡았다. 하지만 B 할아버지는 허리가 점점 굽고 얼굴이 붓는 등 전반적으로 몸 컨디션이 나빠졌다.

그러던 어느 날 올 것이 오고야 말았다. B 할아버지가 이유 없이 열이 나고 토해서 큰 병원 응급실에 가게 되었다. 원인은 장폐색이었다. 조현병 약물치료를 하다보면 약물 부작용 때문에 장운동 자체가 느려지는 데다 조현병 증상 중 만사를 귀찮아하는 음성 증상이라는 것이 있어 운동량이 줄어든다. 그리고 대변에 대한 감각도 둔해지기 때문에 변비가 잘 생긴다. 그렇기 때문에 정신과병동에서 정신과 약물만큼이나 변비약을 많이 처방한다.

변을 못 보면 장이 막히고 그 부분에 괴사가 생기면 생명이 위험해진다. 터지면 복막염도 생기고 응급 상황이 발생한다. B 할아버지가 응급실에 갔을 때는 벌써 장이 터진 후였고 응급 수술을 하게 되었다. 장이 썩어서 터지면 몸 안에 염증이 퍼져서 패혈증으로 사망할 수도 있다. B 할아버지도 급하게 장을 절제하고 염증을 제거했지만 수술 후에도 의식이 돌아오지 않았다. 문제는 그뿐만이 아니었다. 5년 동안 한 번도 연락이 없던 동생이 씩씩거리며 병원에 전화를 했다. 병원에서 얼마나 환자를 방치했으면 장이 썩어서 수술까지 하게 만들었냐고 따지면서 자기는 절대 수술비를 낼 수 없다고 소리를 지르는 것이었다. 대부분 이렇게 일이 터졌을 때 전화하는 사람들의 목적은 뻔하다. 가장 큰 이유가 병원비 문제다. 동생은 병원비를 한 푼도 낼 수 없으니 국가가 형을 책임져야 한다는 것만 강조하고 전화를 끊었다. 중환자실에서 오래 있을 것 같았던 B 할아버지는 일주일 만에 돌아가셨고 동생은 그 소식을 듣고서도 나타나지 않다가 할아버지 시신을 화장한 뒤 유골을 챙겨가라는 연락을 받고서야 나타났다. 장례식장에 와서도 마지막까지 돈 낼 수 없다는 말만 하다가 갔다고 한다.

물론 환자가 저지른 범죄에 따라 정말 가족이지만 참을 수

　　　　　　　　나의 무섭고 애처로운 환자들

없어서 관심을 끊고 싶을 수도 있다. 이해한다. 특히 부모가 아니라면 현실적으로 부양하기가 너무 힘들다. 이런 경우 때문에 국립법무병원에는 무연고 환자가 외부 병원 진료를 받을 수 있게 하는 예산이 있다. 하지만 평생을 국립법무병원에서 돌볼 수는 없는 노릇이다. 언젠가는 이곳을 나가야 한다.

얼마 전에 요양원으로 퇴원한 C 할아버지는 자기를 해친다는 생각 때문에 동네 슈퍼 아저씨를 폭행한 사건으로 조현병을 진단받아 국립법무병원으로 왔다. 입원 직후에는 딸이 몇 번 전화도 하고 찾아오더니 입원이 길어지면서 점점 빈도가 줄어들었다. 그리고 최근 1년은 전화도 받지 않고 찾아온 적도 없었다. 이러면 정말 의료진들은 애가 탄다. 특히 노인의 건강 상태는 언제 어떻게 바뀔지 모르기 때문에 보호자가 반드시 알고 있어야 한다. C 할아버지도 식사량이 점점 줄더니 몸무게가 쭉쭉 빠지고 이유 없이 걷는 것이 점점 불편해졌다. 인지기능도 점차 저하되어서 치매약도 복용하게 되었다. 담당 사회복지사들이 여기저기 수소문해 할아버지의 딸을 찾아보았지만 전화해도 연결이 되지 않고 내용증명을 보내도 답변이 없었다. 이런 경우에는 어쩔 수 없다. 우선 주민센터를 통해서 할아버지의 재산 상

: 퇴원이 끝은 아닙니다

태를 알아보고 기초생활수급자 조건이 맞는지 살펴야 한다. 수급자라면 의료비를 지원받을 수 있기 때문이다. 다행히 C 할아버지는 기초생활수급 대상자였고 치매 진단 덕분에 치매 환자를 치료하는 기관으로 퇴원할 수 있었다. 딸에게는 마지막에 이러저러한 이유로 퇴원을 결정해 당신의 아버지를 치료받도록 할 것이라고 내용증명을 보냈으나 결국 아무런 연락이 오지 않았다. 아마 앞으로도 계속 찾지 않을 것 같다는 생각이 들었다.

나의 무섭고 애처로운 환자들

퇴원한 환자가 가는 곳

이곳에서 퇴원한 환자는 세 곳 중에 한 곳으로 간다.

첫 번째는 교도소다. 환자가 재판에서 치료감호형 외에 선고 받은 형기가 남아 있으면 교도소로 간다. 가끔은 퇴원할 때가 되어서야 그동안 알지 못했던 다른 사건으로 형기가 남아 있다는 사실이 드러나기도 한다. 이럴 때도 치료감호형을 선고받은 사건이 아니고 별도의 사건이기 때문에 교도소에 가야 한다.

두 번째로 가는 곳은 민간 정신병원이다. 정신병원에서 퇴원했는데 왜 다시 정신병원으로 가야 할까? 어떤 정신질환은 특성상 완치되거나 깨끗이 낫지 않기 때문이다. 특히 일부 조현병 환자의 경우 약물치료를 하더라도 병이 더 이상 호전되지 않고

: 퇴원이 끝은 아닙니다

악화되지도 않은 채 그 상태 그대로 유지되기도 한다. 이것을 '질병이 만성화된다'고 표현한다. 환청과 망상은 그대로 있으나, 약을 꾸준히 복용해서 더 심해지지는 않는 상태다. 이런 상태가 1년이 갈 수도 있고 평생 지속될 수도 있다. 이런 경우 바로 집으로 퇴원하면 가족도 이들을 어떻게 관리해야 할지 몰라 당황하고 환자도 힘들다. 그래서 환자와 가족 모두 적응하는 과정이 반드시 필요하다.

정신병원으로 퇴원을 준비할 때 가장 고생하는 사람은 사회복지사다. 환자들이 병원에 입원할 때 중요한 것이 바로 병원비다. 그래서 사회복지사들은 퇴원을 준비할 때 기초생활수급 대상자가 되는지 꼭 확인한다. 병원 생활이 하루 이틀로 끝나지 않을 가능성이 매우 높고, 환자 스스로 경제활동이 어렵기 때문이다.

병원으로 퇴원할 때 힘든 점 중 하나가 바로 우리 환자를 받아줄 병원을 찾아보는 일이다. 국립법무병원에서 치료받은 환자는 기본적으로 범죄자다. 성범죄자인 경우에는 환자가 거주하는 곳 주변의 아이가 있는 집에 이들의 신상이 우편으로 고지된다. 민간 정신병원에서는 주변에 정신질환자들이 있는 것도 싫어하는데 하물며 성범죄자가 온다고 하면 지역 주민의 반발이 더 심해지기 때문에 입원을 거부하는 경우가 많다. 이 때문에 사회복지사가 입원 가능한 정신병원을 알아볼 때 굉장히 힘들다.

그래도 몇 번 국립법무병원 환자를 입원치료해본 경험이 있는 곳에서는 고맙게도 편견 없이 우리 환자들을 받아준다. 사회복지사들의 피 땀 눈물로 대부분의 환자가 무사히 민간 정신병원에 입원하지만 간혹 너무 힘들게 하는 환자도 있다. 병동에서 사소한 일로 고소를 남발하던 E는 음주 후 범죄를 반복적으로 저질렀는데, 그로 인해 가족들도 지친 상태였다. 자신이 원하는 대로 약을 주지 않는다며 주치의를 고소하는 일도 다반사였다. 자기 마음에 들지 않으면 주변 사람을 수시로 협박하곤 해서 아무도 그의 보호자가 되기를 원하지 않았다. 결국 퇴원 시점에도 가족들이 모두 같이 살기를 거부해 퇴원 후 갈 곳이 없었다. 어쩔 수 없이 E는 스스로 병원에 입원하겠다고 결정했다. 하지만 자신이 결정하고 갔음에도 역시나 E는 병원 앞에서 갑자기 마음을 바꿨다. 병원에 들어가지 않겠다고 생떼를 쓰는 것이었다. 겨우 설득해서 어렵사리 입원시켰으나 사흘 만에 퇴원해버렸

: 퇴원이 끝은 아닙니다

다. 이런 환자들이 아주 흔하지는 않지만 꽤 있다. 담당 보호관찰관과 사회복지사가 진땀을 빼는 참 어려운 상황이다.

세 번째로 갈 수 있는 곳은 바로 집이다. 집은 너무 당연하게도 환자들이 가장 가고 싶어 하는 곳이다. 짧게는 2년, 길게는 10년 이상 병원 생활을 하다 보니 자유롭게 살 수 있는 집이 그립다고들 말한다. 물론 나도 이들이 집에 가서 잘 생활할 수 있다는 확신만 있다면 모두 집으로 보내고 싶다. 그리고 집으로 갈 환경이 되는 것도 사실 큰 복이다. 생각보다 많은 환자가 퇴원하고 집으로 가기 어렵다. 우선 가족에게 환자를 돌볼 여유와 의지가 있어야 한다. 하루에 두 번 내지 세 번 약물 복용도 도와야 하고, 적어도 한 달에 한 번은 정신과에 방문하도록 독려해야 한다. 또한 환자의 식사도 챙겨야 하고 생활도 관리해줘야 한다. 이 모두를 보호자가 감당해야 하는 것이다. 하지만 보호자에게 아무 도움도 주지 않고 모든 것을 책임지라고 할 수는 없다. 이들은 엄연히 범죄를 저지른 사람들이기 때문에 나라에서도 추후 관리 차원에서 돌보아야 할 의무가 있다. 그것이 바로 보호관찰제도다.

이곳을 퇴원하는 순간부터 치료감호형을 받았던 사람은

3년 동안 보호관찰을 받는다. 보호관찰제도란 범죄를 저지른 사람을 수용 시설에 구금하지 않고 가정·학교·직장에서 일상생활을 하도록 하되 법률에 규정된 준수 사항을 지키도록 보호관찰관이 지도·감독하는 정책이다. 국립법무병원에서 퇴원한 환자의 경우 준수 사항에 '꾸준히 정신과 병원에 가서 약을 처방받을 것', '약물을 잘 복용할 것' 등이 있다. 술을 많이 먹었던 사람이라면 '음주 금지' 조항도 있고 아동 대상 성범죄자는 '초등학교 접근 금지' 조항도 있다. 보호관찰관은 소변 검사를 통해 실제 약을 먹었는지 확인하고 대상자가 어디에서 무얼 하고 있는지 수시로 확인한다. 환자는 당연히 보호관찰제도와 보호관찰관을 좋아하지 않는다. 자신을 감시하는 사람이라고 생각해 항의도 하고 심한 말도 한다. 그나마 환자가 그런 행동을 보이면 증상 때문이겠거니 이해하지만, 병식이 부족한 보호자가 보호관찰관을 힘들게 하기도 한다. 환자가 약을 먹지 않아도 내버려두거나 다른 곳으로 이사를 해도 알려주지 않는 것이다.

D도 그런 환자였다. 처음에는 우울증으로 입원했는데 치료 도중 피해망상과 환청 등 정신병적 증상을 보였다. 진단명은 조현병으로 바뀌었고 약물을 복용하면서 증상이 안정되어 퇴원

: 퇴원이 끝은 아닙니다

이 결정되었다. 하지만 D의 아버지는 아들이 조현병 환자라는 사실을 인정하지 않았다. 그래서 주치의가 약을 잘 챙겨 먹여야 한다고 여러 차례 강조했는데도 시큰둥했다. D는 집으로 가자마자 자신은 환자가 아니라며 처방받은 약물 중에서 마음에 드는 약만 골라 먹었다. 또 공무원 시험을 준비하겠다며 서울로 혼자 올라가버렸다. 아버지는 이런 D를 말리기는커녕 묵인했으며 보호관찰관에게 알리지 않았다. D의 준수 사항은 반드시 정신과에서 처방받은 약물을 복용하는 것이었다. 이것을 제대로 지키지 않으면 퇴원은 취소되고 국립법무병원에 재입원해야 했다. D와 아버지 모두 이 사실을 알았지만 계속 약을 먹지 않았고, 병원도 가지 않고 버텼다. 몇 달을 버틴 뒤, D는 보호관찰관 손에 이끌려 다시 국립법무병원에 왔다.

보호관찰관을 괴롭히고 준수 사항을 따르지 않는 사람도 있지만, 보호관찰관의 관심 덕분에 새로운 삶을 사는 사람도 많다. 보호자가 없거나 있다 해도 환자에게 도움을 주지 못할 때 보호관찰관은 제2의 보호자처럼 이들을 챙긴다. 만약 입원이 필요하면 지역 내 정신과 병원을, 돈이 없다고 하면 나라에서 지원받을 만한 것들을 알아봐준다. 그 밖에도 소소하게 생일을 챙겨주

나의 무섭고 애처로운 환자들

거나 힘들 때 상담해주고 용기를 북돋아주는 등 여러모로 마음을 쏟는다.

환자의 인생에 있어서 병원 생활보다 퇴원 후가 더 중요하다는 생각을 해본다. '범법 정신질환자'라는 정체성으로 살아가는 사람은 이중 편견의 굴레에서 살아가기 십상이다. 편견의 굴레에 갇히면 생기지 않아도 될 사건 사고가 더 많아진다. 이들을 적극적으로 우리 사회 구성원으로 받아들여야 양지로 나와 치료를 잘 받고 재범 위험성도 줄어든다. 그 역할을 하는 사람들이 앞서 말한 사회복지사와 보호관찰관이다.

잘 지내는 환자, 못 지내는 환자

국립법무병원에서 퇴원하면 10년 동안 무상 외래 진료를 받을 수 있다. 약값도 무료고 면담료도 무료다. 우리 병원까지 거리가 멀어서 오기 힘든 사람을 배려해 전국 5개의 국립정신병원에서도 무상 외래 진료가 가능하다. 이렇게까지 파격적인 혜택을 제공하는 이유는 하나다. 재발을 막고 재범을 막기 위해서다.

이런 제도를 잘 활용해 꾸준히, 그것도 혼자 진료를 보러 오는 환자도 상당히 많다. 이런 환자를 진료할 때는 참 마음이 벅차다. 환자에게 너무나도 고맙다. '정신과 의사, 힘들어도 아직은 할 만하지' 하면서 스스로 뿌듯해한다.

나의 무섭고 애처로운 환자들

물론 약 먹기 싫어하는 환자도 많다. 그래도 보호자에게 끌려만 와도 매우 칭찬할 만하다. 이런 사람들은 투덜거리지만 그럭저럭 약도 잘 먹는다. 그래서 이런 환자가 외래에 진료를 보러 오면 "너무 너무 잘하고 있고 정말 훌륭한 일을 하고 있다"고 폭풍 칭찬을 해준다. 그리고 앞으로도 약 잘 챙겨먹고 한 달에 한 번씩 꼭 오라고 당부한다.

보호자만 와서 하소연을 하는 경우도 있는데 이럴 때 참 힘들다. 현재 의료법이 개정되어서 한정적인 경우지만, 보호자에게 대리 처방도 가능하다. 그래서 병식이 없고 증상이 심해서 병원에도 안 오는 경우 보호자가 가끔 환자 없이 외래 진료를 온다. 그런 보호자와 면담할 때 참 답답하고 안타깝다. 보호자의 이야기를 들으면 약을 증량해야 할 것 같지만, 직접 보지 않은 경우 법적으로 약을 조절하지 못하게 되어 있어서 어쩔 수 없이 똑같이 준다. 약을 조절해야 할 것 같으니 다음에는 꼭 환자를 데리고 오시라고 설명하지만 알았다고 하고 보호자만 오는 일이 반복된다.

이럴 때 만큼 답답할 때가 증상이 굉장히 불안정한 환자가 보호자 없이 혼자 외래 진료를 보러 병원에 와서 말도 안 되는

: 퇴원이 끝은 아닙니다

일로 난동을 부릴 때다. 몇 달 전에 한 조울증 환자가 흥분한 상태로 병원에 왔다. 이유를 들어보니 자신이 원하는 특정 제약회사의 이러이러한 약이 있는데 의사들이 죄다 그것을 처방하지 않고 일부러 자신을 힘들게 만드는 약만 처방한다는 것이었다. 환자가 따지고 드는 모습이며 흥분한 이유며 가만히 보니 조증 증상이 악화된 것처럼 보였다. 겨우겨우 환자의 이야기를 듣고 왜 그렇게 화가 났는지 알겠지만 "지금 우리 병원에는 그 제약회사의 약이 없으니 대신 같은 성분의 다른 약을 처방해주겠다"고 하자 대뜸 환자가 나에게 "이런, XX년이. 니가 뭐라고 내가 하라는 대로 안 해주느냐"면서 욕설을 내뱉는 것이었다. 정신과 의사를 하면서 가끔 겪는 고충이 맞거나 욕을 듣는 것인데, 이제는 이런 상황에 맞닥뜨리면 기분이 나쁘기보다는 피곤함이 몰려온다. '이 사람을 어떻게 설득해서 약을 먹여서 병을 낫게 하지'라는 정신과 의사의 숙명 같은 고민이 시작되기 때문이다. 환자가 욕을 한참 하고 난 뒤, 나도 환자에게 큰소리로 잔소리를 시작했다.

"이게 이렇게 나한테 욕을 해서 해결될 문제예요? 지금 나한테 고집부리고 욕하는 걸 보니 증상이 악화된 것이 확실하네

나의 무섭고 애처로운 환자들

요. 증상에 맞게 다른 약 줄 거예요. 집에 가서 이 약 먹어 보고 정 힘들면 병원에 다시 오세요."

그렇게 어르고 달래 환자를 보내긴 했으나 마음이 편치 않다. 분명히 약을 먹지 않을 것이고 그렇게 재발하면 입원해야 할 텐데 보호자가 잘 입원시킬지 의문이고 그러면 또 사고를 치지 않을지 오만가지 생각이 꼬리에 꼬리를 문다.

그렇게 한 달쯤 지났을 때 소견서를 담당하는 직원이 어떤 환자가 구속이 되었는데 우리 병원에서 마지막으로 약을 타 먹었다며 관련 공문을 보내달라는 요청이 왔다고 했다. 이름이 뭔가 낯이 익어 전자 의무 기록을 뒤져보니 그때 외래에 와서 나에게 욕설을 날린 바로 그 사람이었다. 역시나 싶었다. 그때 내가 조금 더 강력하게 입원하라고 했어야 했나? 아니면 보호자에게 바로 연락해서 환자 상태를 설명하고 잘 지켜보라고 했어야 했나? 이렇게 국립법무병원에서 퇴원한 환자들이 또다시 증상이 악화되어 구속되는 것을 볼 때 속상하기도 하고 자책하게 된다.

의사라면 누구나 내가 퇴원시킨 환자가 잘 지내기를 바란다. 그래서 가끔 다시 입원한 사람을 병동에서 면담할 때 첫마디가 곱게 나가지 않는다. 왜 다시 왔느냐고 이렇게 다시오면

: 퇴원이 끝은 아닙니다

어떻게 하느냐고 자꾸 목소리를 높이게 된다. 그러면 어떤 사람은 미안하다고도 하고 어떤 사람은 의사가 이렇게 혼내는 게 너무 서운하다고 한다. 하지만 국립법무병원에 여러 차례 입원한다는 것은 법적으로 문제 행동을 반복한다는 의미이기 때문에 안타까운 마음에 어쩔 수 없이 목소리가 높아진다.

어떤 환자는 그렇게 이곳을 나가고 싶어 했으면서 심심하거나 무슨 일이 있으면 병동으로 전화를 한다. 그럴 때 잘 지낸다거나 차분하게 이야기하면 그래도 낫다. 증상이 안 좋으면 전화해서 의료진을 협박하기도 한다. 그래서 예전에 입원했을 때 나를 너무 힘들게 했던 환자가 전화했다고 하면 덜컥 겁부터 난다. 혹시 또 약 안 먹고 보호관찰 기간 중에 문제를 일으켜서 다시 올까 봐 제발 잘 지내기를 바란다.

환자들은 처음 면담 때부터 항상 주치의에게 자신이 언제 퇴원할 수 있느냐고 물어본다. 이것은 국립법무병원이나 다른 민간 정신병원이나 마찬가지다. 그리고 정신과 의사는 '증상이 좋아지면 생각해보겠다'고 애매하게 이야기한다. 이것이 환자들이 정신과 의사를 욕하는 가장 큰 이유다. 환자들은 왜 명확하게 일주일, 한 달, 두 달이라고 정해주지 못하느냐고 정신과 의사를 비난하지만 정신질환의 특성상 약을 먹고 좋아지려면 시간이 충분히 필요한데다 그 기간이 사람마다 다르기에 애매하게 대답할 수밖에 없다. 적어도 몇 주, 몇 달 이상 필요하다 정도로만 이야기해줄 수 있다. 그리고 특히 국립법무병원은 단순히 정신질환으로만 입원한 곳이 아니기 때문에 더욱 그렇다.

나는 환자와 면담할 때 환자의 정신과적 증상이 어느 정도 안정되면 사건 당시 상황을 기억하는지, 또 왜 범죄를 저질렀는지 꼭 물어본다. 왜 당신은 불을 질렀는지, 왜 당신은 그 사람을 때렸는지, 왜 그 사람을 성추행했는지. 기억을 못하거나 정신병적 증상 때문에 자신이 저지른 범죄를 잘 이해하지 못하는 경우도 있지만, 대다수의 환자가 치료 후 상태가 안정되면 자신이 저지른 일을 후회하고 뉘우친다. 이때 나는 어떤 정신병적 증상 때문에 그런 사건을 저질렀는지 환자에게 알려준다. 그리고 앞으로 사회에 나가서 치료를 제대로 받지 않으면 또 이렇게 사건을 저지를 수 있고, 교도소나 국립법무병원으로 오게 될 수 있다는 점도 상기시킨다.

처음에 이곳에 왔을 때 환자에게 그들의 범죄명과 사건을 대놓고 묻는 것이 이들을 너무 자극하는 것이 아닌가 싶었다.

: 퇴원이 끝은 아닙니다

하지만 여러 환자의 퇴원을 준비하면서 이들이 사회에 나가서 잘 적응하려면 주치의로서 그들에게 '직면'시켜야 한다는 확신이 들었다. 물론 그 과정이 쉽지는 않다. 하지만 적극적으로 이런 점들에 대해서 알도록 해야 한다고 믿는다. 환자 스스로 자신의 문제를 직면해 행동을 교정하도록 하는 것이, 다른 정신병원들과는 달리 이곳 주치의가 해야 할 일이라고 생각한다.

나의 무섭고 애처로운 환자들

16

사법입원제도를 아십니까

2016년에 일어난 일들

2016년, 나는 대전의 한 정신병원에서 일하고 있었다. 전문의가 된 후 두 번째 직장이었다. 지역에서는 오래되고 체계도 잘 잡힌 좋은 병원으로 손꼽히는 곳이었다. 이 병원은 불법적으로 환자를 데리고 오지도 않았고, 의사가 입원할 상태가 아니라고 판단하면 원무과에서 환자 유치를 위해 입원시켜달라고 무리하게 부탁하지도 않았다. 환자 상태가 좋아지면 퇴원도 언제든 가능하게 했다. 환자에게도 맛있는 밥과 좋은 환경을 제공하려고 노력하는, 정신병원 중에서도 정말 양심적으로 운영되는 병원이었다.

그런데 한 가지 문제가 있었다. 점점 입원 환자가 줄어들었

: 사법입원제도를 아십니까

다. 상식적으로 입원 환자가 줄어들면 병원 경영이 어려워진다. 그러면 병원이 축소되거나 문을 닫게 되고 꼭 입원해야 하는 환자가 제때 치료받기 어려워진다. 그렇다면 잘 운영되던 병원의 환자가 왜 줄어들었을까?

두 가지 이유가 있었는데 첫 번째는 환자를 입원시키는 과정이 점점 어려워졌다. 내가 정신과 의사로 일하기 훨씬 이전에는 환자가 불안정한 상태가 되어 물건을 부수거나 가족을 위협하는 행동을 보이면 병원에서 구급차와 직원을 보내 입원을 도와주기도 했다. 하지만 이는 환자를 유인하는 불법행위로 간주되어 없어진 지 오래다. 최근에는 정신병적 증상으로 공격적인 행동을 보이는 환자를 가족이 직접 데려와야 하는데 보호자가 감당하기에는 이 과정이 여간 부담스러운 것이 아니다. 그래도 꼭 입원을 해야 하니 가족들만으로 힘들 때는 민간 사설 구급차를 이용하라고 팁을 주기도 했는데 이것도 자칫하면 환자를 불법 구속하는 행위가 될 수 있었다. 이도 저도 힘들면 지역 경찰을 부르기도 하는데, 이 또한 시간을 딱 맞추기 어려웠다. 경찰이 출동한 후 환자가 눈치를 보고 더 이상 공격성을 보이지 않아 입원까지 이어지지 않는 경우가 많았던 것이다. 상황이 이러

나의 무섭고 애처로운 환자들

하니 입원이 점점 줄어들었다.

두 번째는 아직 더 입원해야 하는 환자를 퇴원시킬 수밖에 없는 상황이었다. 정신과에 입원한 환자에 대해서 국가는 6개월에 한 번씩 이 사람이 계속 입원하는 것이 바람직한지 심사한다. 이를 '계속입원심사'라고 하는데, 각 지자체 위원회에서 회의를 통해 환자의 계속입원 여부를 결정한다. 그런데 주치의가 환자에게 증상이 남아 있고 보호자가 아직 퇴원을 원하지 않아 입원치료가 필요하다고 해도, 외래 통원 치료가 가능할 것 같다면서 퇴원 결정이 나는 일이 잦아졌다. 환자가 아직 퇴원할 상태가 아닌데, 자꾸 퇴원시키라고만 하니 보호자는 난감하고 주치의는 답답한 상황이 반복됐다.

결국 그렇게 퇴원한 환자 중 한 명은 혼자서 지내다가 일주일 만에 다시 119에 실려서 병원으로 돌아왔다. 퇴원을 생각하지 못하고 있다가 계속입원심사에서 퇴원 명령이 나는 바람에 환자 오빠가 부랴부랴 월세 집을 얻어준 환자였다. 미혼이고 부모는 돌아가셨고 오빠는 결혼해서 함께 살 형편이 되지 않아 혼자 살게 된 환자는, 처음에는 자신만만해했다. 그러나 홀로 지내면서 약을 먹지 않았더니 여러 가지 정신병적 증상이 재발했다.

: 사법입원제도를 아십니까

누군가가 자신을 죽이려고 수돗물에 독약을 탔다고 엉뚱한 소리를 했으며 독약을 탄 수돗물로는 아무것도 해먹을 수 없으니 물도 먹지 않고 밥도 해먹지 않은 채 누워만 있었다. 다행히 잘 지내는지 확인하러 들른 오빠에게 발견되어 일주일 만에 다시 병원에 오게 됐다. 이는 비단 이 환자만의 일이 아니었다. 퇴원할 준비가 되지 않은 환자에게 퇴원을 강요하는 상황이 2016년 이후 더욱 잦아지는 것을 체감했다.

대체 2016년에 무슨 일이 있었기에 이럴까. 2016년 5월 국회에서 정신보건법이 개정됐다. 개정 시행은 1년 뒤였지만 법을 개정하는 과정에서 정신병원이 부당하게 인신구금을 하고 있다는 관점이 반영된 터였고, 정신과 의사들이나 정신병원협회 같은 관련 단체와 공청회 한번 없었다. 정신과 의사들은 정부와 국회에 지속적으로 우려를 전달했지만 소용없었다. 게다가 2016년 9월 29일 헌법재판소가 당사자의 동의 없는 정신병원 강제입원은 헌법불합치라고 판결했다. 신속하고 정당한 치료를 통해 정신질환자 본인과 사회의 안전을 지키려는 입법 목적과 수단은 정당하지만, 강제입원이 신체의 자유를 지나치게 침해한다고 판단한 것이다. 이 일은 사람들에게 강제입원에 관한 부

나의 무섭고 애처로운 환자들

정적인 인식을 더욱 각인시켰다.

내가 일하는 병원에서도 2016년 말쯤 환자 수가 줄어서 경영이 어려워진다는 이야기가 나오기 시작했다. 그 즈음 같이 일하는 선배 의사 중 한 명이 스카우트 제의를 받아 이직해 자연스럽게 의사 수가 줄었다. 환자 수가 많이 줄었기 때문에 의사를 새로 채용하지 않은 채 운영됐다. 하지만 그 후로도 점점 더 환자가 줄어들자 병원이 의사들의 급여를 대폭 삭감하는 제안을 내밀었다. 그때쯤 나는 너무 지쳐 있었다. 매달 환자가 줄어드는 모습을 지켜보는 것도 힘들었고, 삭감된 급여를 받고 계속 이곳에서 일한다고 한들 병원 자체가 언제까지 버틸 수 있을지 모르겠다는 생각도 했다. 미래가 보이지 않았다. 환자를 입원시키는 과정에서 불법인지 아닌지 따져봐야 하는 것도 불안했고, 환자를 어떻게 입원시켜야 하나 고민하는 것도 솔직히 짜증났다. 내가 나쁜 일을 하는 것도 아닌데, 마치 잠정적으로 불법 행위를 하는 것 같아서 불쾌했다. 아직 치료를 더 받아야 하는 환자들이 일방적으로 퇴원당하는 것도 더 이상 받아들이기 힘들었다. 그리고 무엇보다 이런 일들이 앞으로 더 많아질 것이고 더 혼란스러워질 것 같다는 생각에 도망치고 싶었다. 그렇게 사

　　　　　　　: 사법입원제도를 아십니까

직서를 던졌다.

　몇 개월을 쉬다가 고민 끝에 국립법무병원으로 이직했다. 그렇게 나는 민간 정신병원을 떠났고 2017년 5월 30일, 예고대로 개정된 정신건강복지법이 시행됐다. 의도한 바는 아니었지만 국립법무병원은 치료감호법의 적용을 받는 곳이었고, 난 지긋지긋한 정신건강복지법의 굴레에서 당장은 벗어날 수 있었다. 하지만 이건 그냥 내가 잠깐 도망친 것일 뿐 우리나라에서 정신과 의사로 일하는 동안에는 그 영향에서 자유로울 수 없다. 정신건강복지법 개정은 환자의 인권을 생각해서 좋은 의도를 가지고 시작한 일임에는 분명할 것이다. 그러나 조금 더 섬세하게 현장을 들여다볼 수는 없었을까? 환자가 퇴원한 후 지낼 거주시설이나 재활시설 등 관리 체계가 잘 갖춰진 후에 개정해도 늦지 않았을 텐데, 우리나라는 지금 혼란 그 자체다.

　　　　　　　　　　　　나의 무섭고 애처로운 환자들

정신질환 범죄가 늘어난 이유

보건복지부가 정신건강복지법을 개정한 이유로 든 것은 이전의 법이 환자의 인권을 침해한다는 것이었다. 그래서 개정한 법이 환자의 인권을 보호할 수 있는 진일보한 법이고 정신질환자에 대한 법적, 정책적 패러다임을 인권과 복지를 중심으로 되돌려놓는다며 홍보한다. 하지만 실제 현장에서 진료하는 의사로서 여러 가지 면에서 아쉬움을 느낀다.

우선 예전에는 정신과 전문의 1인의 진단으로 입원이 가능했는데, 개정 이후 서로 다른 기관에 속한 정신과 전문의 2인의 진단이 필요하다고 바뀌었다. 상식적으로 정신과에 강제입원을 고려할 정도면 환자의 증상이 굉장히 심하고 다급하다. 환

: 사법입원제도를 아십니까

청이나 망상 같은 정신병적 증상 때문에 타인이나 자신에게 공격성을 보이는 것이 가장 흔한데, 이런 응급 상황에서는 급하게 입원을 결정해야 한다. 이것저것 기다릴 새 없이 바로 입원하고 안정을 위한 약물을 투여해야 하는데, 이때 같은 병원도 아닌 다른 기관의 정신과 전문의를 부르는 일이 과연 쉬울까?

다른 나라를 살펴보면 유럽연합국가 중 9개 나라에서는 전문의 1인의 의견만으로 입원이 가능하다. 일본 또한 의사 1인과 가족 1인의 동의만 있으면 된다. 미국과 캐나다, 대만과 유럽연합국가 중 절반 정도는 전문의 2인의 진단이 필요하지만 서로 다른 기관 소속의 전문의 진단을 요구하지는 않는다.

또한 개정된 법에서 진단 의사 중 하나가 국공립병원에 소속된 의사여야 한다고 정해두었는데, 알다시피 현재 우리나라 국공립병원 전문의 수는 턱없이 부족하다. 결국 민간의료기관 중 333개 기관을 추가 진단 병원으로 지정해 진단 업무를 하게 했다. 이렇게 되자 일부 지역에서는 근처 병원끼리 서로 짝지어서 추가 진단 업무를 봐주기로 했는데, 이는 보건복지부가 주장하는 공공성을 보장하고 공정한 판단을 하도록 한다는 취지에 어긋난다.

나의 무섭고 애처로운 환자들

정신건강복지법의 가장 큰 문제는 그토록 중요하다고 강조하는 '강제입원의 적합성'에 관한 판단을 의사 개인의 책임으로 떠넘긴다는 데 있다. 입원 적합성 여부는 전문성을 갖춘 독립된 기관에서 판단하는 것이 가장 이상적이다. 즉 의사의 의학적 소견을 참고해 법적으로 판단하는 기관이 필요하다. 이미 전 세계적으로 정부 산하의 행정기관이 아닌 독립적인 사법기관에서 강제입원을 결정하는 추세다. 프랑스, 미국, 캐나다, 호주 등 대부분의 선진국에서 법원이나 독립된 준사법기관에서 정신질환자의 강제입원을 결정하고 있다. WHO와 UN에서도 사법기관이나 독립적이고 공정한 심사기관에서 강제입원 여부를 심사하도록 권고한다. 강제입원에서 가장 중요한 부분은 이 환자의 입원이 의학적으로 적절한가, 적절하다면 인권 침해 여지는 없는가를 제대로 판단하는 것이다. 이것이 결국 보건복지부가 주장하는 '환자 인권 보호'의 핵심인데, 이는 의사 개인이 아닌 국가가 담당하는 것이 옳다.

환자 단체나 가족 단체에서는 정신질환자를 사법의 대상으로 삼는 것이 잠재적 범죄자로 간주하는 것 아니냐며 우려의 뜻을 내비치고 있다. 그러나 지금은 사회 내의 어떤 주체도 정신

: 사법입원제도를 아십니까

질환자의 강제입원에 책임지고 나설 뜻이 없다는 것이 더 큰 문제다. 가족들은 입원시키는 과정에서 환자의 원망과 질타를 온몸으로 떠안는다. 그래서 입원을 결정할 때마다 주저하고 부담스러워한다.

국립법무병원에 입원하는 환자는 재판에서 입원 여부를 최종 결정한다. 이러한 점 때문에 환자가 처음 입원했을 때 가족이나 주치의를 원망하는 정도가 다른 병원에서보다 훨씬 덜하다. 치료감호형과 사법입원제도는 서로 차이가 있지만, 법원이 정신질환자의 입원을 결정하는 치료감호법을 통해 사법입원제도의 장점을 간접적으로 살펴볼 수 있다. 입원을 결정한 주체가 의사 개인이나 보호자가 아니라 국가라는 것은 환자에게 입원의 필요성을 설명할 때 굉장히 큰 무기로 작용한다. 현재 당신은 정신과 의사와 법원이 객관적으로 평가할 때 정신과적 입원 치료가 필요한 상태라고 하면, 개인에게 향하는 원망이 분산되고 입원 절차의 공정성 또한 보장된다. 이는 환자의 인권과 치료적 권리도 지키는 길이다.

정신보건법 개정 이후 국립법무병원 환자 수는 점차 늘고 있다. 특히 조현병 환자 수가 크게 증가했다. 2015년 이전에는

나의 무섭고 애처로운 환자들

전체 환자 중 조현병 환자의 비중이 40.9퍼센트를 차지했는데 2018년에는 50.9퍼센트로 늘었다. 정신건강복지법이 까다로워지면서 예전 같으면 쉽게 입원이 가능했던 조현병 환자들이 지금은 제때 입원치료와 약물치료를 받지 못하자 결국 일부는 정신병적 증상으로 인한 범죄를 저지르고 국립법무병원에 오게 된 것으로 해석할 수 있다.

2017 경찰통계연보에 의하면 정신질환 범죄 수가 2011년 5537건에서 2017년 9027건으로 증가했다. 살인, 강도, 방화, 강간, 폭력과 같은 심각한 5대 범죄는 509건에서 813건으로 증가했다. 절대 가볍게 볼 증가세가 아니다.

정신질환 범죄는 늘고 환자가 치료 기회를 제때 제공받지 못하고 있는 지금 필요한 것은 사법입원제도다. 어느 제도든 궁극적으로 완벽하지는 않겠으나 환자의 인권과 치료 모두를 고려한다는 측면에서 또 절차적 정당성과 안전장치를 마련해준다는 점에서 사법입원제도는 그나마 좋은 선택지가 될 수 있다. 가족과 의사에게 맡겼던 강제입원의 결정권을 국가가 이제는 되찾아 와야 할 때.

　　　　　　　　: 사법입원제도를 아십니까

아침에 일어나서 한 번, 출근하면서 또 한 번 국립법무병원에서 일한 햇수를 센다. 전공의 시절, 얼마나 시간을 보내야 전문의가 되는지를 따져보다 생긴 버릇이다. 요즘은 '벌써 4년째라니, 오래 됐네' 하면서 스스로를 칭찬한다. 전문의가 된 뒤 한 병원에서 4년 이상을 일해본 적이 없다. 이런 저런 이유로 이직을 두 번 했는데 그때마다 4년째 옮겼던 터라 나에게 4년은 '마의 시기'다. 그래서인지 최근엔 언제까지 이곳에서 일할 수 있을까를 자주 생각한다.

국립법무병원은 만성적인 의사 부족에 시달린다. 항상 국회 감사에서 이 문제를 지적받지만 해결될 것 같지는 않다. 가끔 이곳에서 일하는 내가 정말 이상한 사람이 아닌가 하는 생각도 든다. 업무는 과중하고 분위기는 강압적이며 급여는 적은데 왜 이곳에 있지 싶은 본질적인 회의가 들 때도 많다. 무엇보다 의사로서 존중받지 못한다는 생각이 들면 사직서를 낼까 말까 심각하게 고민한다. 그래도 아직까지 사직서를 내지는 않았다. 사명감 때문은 아니다. 솔직히 워킹맘으로서 시간관리가 비교적 자유롭다는 점이 버티는 가장 큰 이유다.

그리고 또 한 가지 이유를 찾자면, 동료들 때문이다. 나는 이곳 의료진들이 무너지는 댐을 막기 위해 서로 손을 맞잡고 있다고 생각한다. 환자에게 울타리가 되어준다, 뭐 그런 거창한 개념이 아니다. 그저 최소한의 진료, 가장 기본적인 치료를 위해 서로가 손을 꼭 잡고 버티고 있다는 생각이 든다. 그렇게 맞잡은 손, 깍지 낀 그 손을 내가 놓아버리면 다른 동료가 내 몫의 책임과 부담을 떠안아야 하는데, 그건 생각만으로도 아찔하다.

아이들이 크고 더 이상 이 병원에서 일할 만한 이유를 찾지 못하게 되면 그때는 미련 없이 그만두지 않을까. 아니, 그보다 근본적으로 의사가 몇 명 더 충원되면 그때는 댐이 무너질 걱정 없이 홀가분하게 그만둘 수 있지 않을까. 그렇게 나름 진지한 생각을 하며 병원에 출근해 언제나 비슷한 하루를 보낸다.

내가 쓴 이 책이 세상을 바꿀 수 있다고 생각하지는 않는다. 그래도 사람들이 국립법무병원에서 어떤 사람들이 일하고 있으며 대체 어떤 곳인지, 왜 요즘 들어 정신질환 범죄자가 더 늘었는지, 그들이 어떻게 치료받으며 사는지 조금은 알게 되었으면 좋겠다. 이 책을 읽는다고 정신질환자가 '친근한' 사람으로 바뀌기는 어려울 것이다. 그저 정신질환자들도 나와 같은 인간이구나 하고 잠시 생각해볼 여지를 준다면 그것으로 족하다.

나는 언제까지 이곳에서 일할 수 있을까. 아마 내일 출근하는 차 안에서 같은 생각을 하고 있겠지만 답은 아무도 알 수 없다. 당장 내일 어떤 일이 벌어질지 모르는 것이 인간의 삶인데 또 아침에 출근해서 커피를 마시고 병동에 가게 되겠지. 당분간은 지금처럼 하루하루 성실하게 일할 생각이다. 그게 내가 오늘 해야 할 일이므로.

나의 무섭고 애처로운 환자들

나의 무섭고 애처로운 환자들

초판 1쇄 펴낸날 2021년 7월 15일
5쇄 펴낸날 2023년 3월 30일

지은이 차승민
펴낸이 이은정
제작 제이오
디자인 피포엘
조판 김경진
교정교열 백도라지

펴낸곳 도서출판 아몬드
출판등록 2021년 2월 23일 제 2021-000045호
주소 (우 10235) 경기도 고양시 일산서구 하이파크3로 75, 204호
전화 031-922-2103 팩스 031-5176-0311
전자우편 almondbook@naver.com
페이스북 /almondbook2021 인스타그램 @almondbook

ⓒ차승민 2021
ISBN 979-11-975106-0-1 (03180)